탄식하며 우는 자의
이마에 표하라

《내 백성아 거기서 나와라》 후편

탄식하며 우는 자의 이마에 표하라

이현은 지음

전편, 《내 백성아 거기서 나와라》를 통해서
역사에서 입증된 하나님을 대적하는 세력의 일들을 성경말씀으로 증명을 하면서,
구원의 역사 가운데에서의 이 세대를 향한 질문에 답하고, 그 안에서 하나님의 뜻을 발견하면서,
지금 우리가 취해야 하는 하나님 중심적인 결단들을 촉구한다.

좋은땅

목차

1

방향 설정

이 책《탄식하며 우는 자의 이마에 표하라》는《내 백성아 거기서 나와라》의 후편으로, 전편,《내 백성아 거기서 나와라》의 내용들을 통해서 증명된 사실들을 어떻게 이해를 하고 삶에 적용하여서, 하나님께서 나오라고 하시는 그 영향력 가운데에서 이 마지막 때에 부흥의 횃불을 드는 삶을 살 수 있는지를 나누는 내용이다. 이후부터 나오는 "전편"이라는 말은《내 백성아 거기서 나와라》라는 책에 대해서 말하는 것이라고 인식하면 될 것이다.

전편에서 우리는 하나님께서 우리에게 "내 백성아 거기서 나와라"라고 외치실 때에 우리가 나와야 할 "거기"가 어디인지에 대해서 연구해 보고 생각해 보았다.

첫째, "거기"는 마지막 때에 하나님의 재앙을 받을 대상을 이야기한다. 성경에서 말씀하시는 마지막 때에는, 이마에 하나님의 인치심을 받은 자 외에 모든 사람들이 해를 받는 대상이 되기 때문에(요한계시록 9:4), "내 백성아 거기서 나와 그의 죄에 참여하지 말고 그가 받을 재앙들을 받지 말라"(요한계시록 18:4)라고 하는 말씀에서의 "거기"는 하나님의 인치심을 받지 않은 자들, 곧 세상의 표를 받은 모든 자들이 속해 있으며 결국 재앙들을 받게 될 곳을 이야기한다.

둘째, "거기"는 복음서, 사도행전, 요한이 계시록 전체를 통해서나 역사적으로 계속해서 예수님과 예수님을 사랑하는 이들을 핍박하고 죽인 세력이다. 그 세력은 역사적으로 통치권을 계속해서 이어 가면서 하나님을 사랑하는 자들을 핍박하고 처형하였다. 결국 마지막 때에 재앙을 받게 되고 멸망을 받게 되는 대상이다. 이 대상에 대해서는 종교개혁자들의 선포와 그들의 예언서, 성경 해석과 요한계시록의 말씀 선포를 통해서 아주 정확하고 선명하게 확증할 수 있었다. 예수님께서 이 세상에 계셨던 때로부터 내려오는 로마 제국의 박해와 핍박은 로마 교회로 내려오면서 셀 수 없이 많은 순교자들을 핍박하고 처형하였기에, 하나님의 원수 사단은, 종교개혁자들이 쓴 글들 가운데에서 모두 "로마"로 표현이 되었다. (1)

셋째, "거기"는 역사적으로 로마의 권세를 이어 가는 로마 교회의 힘과 많은 영향력을 통해서 세상의 많은 사람, 나라, 단체, 종교, 교단, 교회들과 손을 잡고 하나 되어서 큰 힘을 이루는 큰 영향력과 모든 그의 네트워크이다. 앞으로도 사단은 전 세계를 아우르는 힘을 가진 로마를 사용하여서 최대한 많은 영향력을 가지고 많은 사람들과 손을 잡고 결국 로마가 받을 재앙들을 다 같이 받게 된다는 것이다. 하나님의 인치심을 받은 자들만이 그들에게 속하지 않은 자들이 될 것이기에, 결국은 하나님의 인치심을 받은 자들 외에 모든 자들이 재앙을 받고 멸망을 당하게 된다.

넷째, "거기"는 성경에서 이야기하는 짐승, 음녀, 용, 그리고 적그리스도이다.

우리는 전편의 내용들을 통해서, 하나님의 심판의 대상 곧 짐승, 음녀, 용, 그리고 적그리스도가 역사적으로 로마 제국으로부터 로마 교회로 이어지는 로마의 통치권이라는 사실에 대해서 우리의 믿음의 조상인 종교개혁가들이 직접 쓴 고전들에 실린 글들을 통해서 확실하게 확인을 할 수 있었다. (2)

또한, 로마 제국으로부터 로마 교회로 이어지는 로마의 통치권이 참으로 성경에서 말씀하시는 하나님의 진노의 대상이라는 것을 확인시켜 주시는 예언의 성취를 경험하기도 하였다. (3) 그리고, 종교개혁자들의 예언서 해석에 맞추어서 하나님의 진노의 대상, 그들에게 허락하신 시간, 그들이 로마의 이름을 이어 가는 시간표까지도 너무나도 정확하게 맞춰지는 것을 확인할 수 있었고, 우리가 우리 믿음의 조상들의 메시지를 성경과 비교하면서, 성경을 통해서 말씀하여 주신 예언의 말씀들을 더욱더 선명하고 확실하게 분별을 할 수 있게 되었다. (4)

　역사 가운데 맞춰지는 성경의 메시지이고 목숨을 걸고 믿음을 지킨 조상들이 외친 성경말씀을 확인하는 메시지이기 때문에, 어느 누구도 거부할 수 없고 부인할 수 없는 확실한 사실이라는 것도 확인을 하였다. 그것은 핍박하는 세력에 의해서 많은 경우 태워지고 버려졌던 글들 가운데에서 남아 있는 1500년대에서 1800년대의 고전 원본 글을 읽고 알게 되고 확인한 내용들이었다. 마지막 때에 우리를 향해서 경고하시는 하나님의 말씀들을 믿음의 조상들의 자료들을 통하여서 우리가 거부해야 하며 대적해야 할 대상이 무엇인지를 너무나도 확실히 깨닫게 되는 기회가 되었다.

　그런데 어두움의 세력의 대상에 대해서 이렇게 자세하게 아는 것이 우리에게 무슨 필요나 용도가 있나 하는 생각을 할 수 있다. 하나님만 잘 섬기면 되고, 선하고 좋은 것에만 초점을 두고 열심을 내면 되지, 무엇 하러 그렇게 어두움의 세력에 대해서 자세히 아는 데 신경을 쓰는가 하는 생각이 들기도 한다. 그런데 우리의 목적이 하나님께서 심판하실 세력들에 대해서 대적하고 싸우기 위한 것이 아니다. 왜냐하면, 그것은 하나님의 때에 하나님께서 하실 일이기 때문이다. 그렇지만 우리가 전편을 통해서 어두움의 세력들의 역사를 알아 가면서, 그들의 영향력이 모든 사람, 모든 교회, 모든 종교에 너무나도 많이 미치고 있다는 사실들을 확인하였다. "내 백성아, 거기서 나와 그의 죄에 참예하지 말고 그의 받을 재앙들을 받지 말라"라고 하시는 하나님의 말씀에 순종을 하기 위해서, 어디에서 어떻게 나와야 하는지를 알고자 하는 것이며, 삶 가운데에도 미치고 있는 그들의 영향력을 알아서, 어떤 부분에서 어떻게 나와야 하는지를 분별을 하고자 하는 것이다.

전편에서 역사적인 사실들을 알아 가면서 부흥의 메시지를 나누었다. 마지막 때에 어두운 세력에 대항하고 승리하는 삶을 살 수 있는 유일한 방법은 부흥이다. 우리가 사는 이 세대는 하나님의 반대편 세력에서는 최대한 자신 편으로 많은 사람들을 속하게 하여서 멸망하게 하고자 하고, 하나님은 최대한 자신을 사랑하는 자녀들을 자신에게 속하게 하여서 멸망하지 않고 영원한 생명을 주시려는 그런 때에 살고 있다. 그런데 하나님의 반대편에 속하지 않을 수 있는 유일한 방법이 부흥이다. 어두움을 지적하는 부분에 초점이 되는 것이 아니라, 어두움을 아는 것은 분별의 목적이며, 분별을 한 후에 나를 돌아보고 내가 사는 것이 아니라 내 안에 그리스도만이 사시는, 어두움을 빛으로 이기는 승리하는 삶기 위한 것이 이 책의 목적이며 방향이다.

2

적그리스도에 대한 이해

하나님께 나아가고, 하나님께서 바라시는 대로 어두운 세력의 모든 영향력 가운데에서 나오기 위해서는, 자기 자신을 바르게 진단하고, 그 진단에 따라 회개하고 결단하는 것이 필요하다. 그것을 모르는 것이 아닌데 행동으로 잘 옮겨지지 않는다. 모두가 변화가 필요하다고 이야기하고, 현재의 기독교의 모습에 의문을 제기하지만, 결국 실천되고 변화되는 것은 없다.

그러면서 들었던 생각은 평소 가지고 있는 잘못된 개념과 잘못 이해하고 있는 생각들이, 참 하나님의 모습을 알고 이해하고 사랑하는 데 걸림돌이 되고 있다는 것이었다. 그래서 제대로 분별하지 못했고 인생을 가장 값진 모습으로 살게 하는 바른 결정들을 하면서 살지 못했고, 세상 가운데에 빛과 소금의 모양이 될 수가 없었고, 빛도 아니고 소금도 아니어서 어두움과 섞여 있음에도 깨닫지도 못하고 사는 상황이 되어 버렸다.

바른 분별을 가지고 어두움의 영향력에서 나오고자 할 때에 중요한 것이 잘못 가지고 있었던 우리의 개념과 관념들을 돌아보고 바른 개념들을 세워 나가는 것이라는 생각을 했다.

전편을 통해서 하나님께서는 우리에게 적그리스도에 대해서 아주 선명하게 알려 주시고 확실하게 증명을 해 주셨다. 그런데, 우리는 적그리스도에 대해서 잘못된 생각과 개념, 관념들을 가지고 있다. 항상 내면적인 부분보다 외형적인 부분에 치우쳐서 상황을 이해하고 판단하려고 한다. 적그리스도를 생각할 때, 공포 영화에서 나왔던 무서운 이미지와 초자연적인 힘을 사용하는 두려운 존재라는 생각을 가지고 있기도 한다.

그런데, 적그리스도는, 영어로 antichrist, 원어로는 ἀντίχριστος로, ἀντί는 "opposed to, in place of", "대적하는, 대리하는"이라는 뜻이고, χριστος는 그리스도, "그리스도를 대적하는 자 또는 그리스도를 대리하는 자"라는 뜻이다.

이 단어가 사용된 요한1서와 2서의 성경말씀을 통해 적그리스도라는 단어의 의미에 대해서 더 자세히 알 수 있다.

요한1서 4:3
예수를 시인하지 아니하는 영마다 하나님께 속한 것이 아니니 이

것이 곧 적그리스도의 영이니라 오리라 한 말을 너희가 들었거니
와 지금 벌써 세상에 있느니라

예수를 시인하지 않는 영은 다 적그리스도의 영이라고 표현하고 있
다. 또한 하나님께 속하지 아니한 것은 다 적그리스도의 영인 것으로
설명이 되었다. 그리고 당시에 주님을 그리스도로 시인하지 않고 대적
하는 세력이 있었다고 설명하는 말씀이다.

요한1서 2:22

거짓말하는 자가 누구냐 예수께서 그리스도이심을 부인하는 자
가 아니냐 아버지와 아들을 부인하는 그가 적그리스도니

요한1서 4장 3절에서 하나님께 속하지 않은 영, 예수를 시인하지 않
은 영은 다 적그리스도의 영이라고 하신 말씀처럼, 이 말씀에서도, 예
수께서 그리스도이심을 부인하는 자는 곧 적그리스도인 것으로 표현
이 되었다. 하나님 아버지의 아들이시며 그리스도이신 주님을 부인하
는 자는 거짓말하는 자이고 적그리스도라고 설명을 하는 말씀이다.

요한2서 1:7

미혹하는 자가 세상에 많이 나왔나니 이는 예수 그리스도께서 육체
로 오심을 부인하는 자라 이런 자가 미혹하는 자요 적그리스도니

이 말씀을 통해서 우리가 알 수 있는 것은, 이 세상 가운데 육신을 입고 오신 주님께서 그리스도이심을 인정하지 않는 자들이 곧 미혹을 하는 자들이며 이러한 미혹하는 자들이 세상 가운데 많이 있다고 하시는 말씀이다. 또한 그 미혹하는 자들은 곧 적그리스도라고 설명을 하신다.

요한1서 2:18

아이들아 지금은 마지막 때라 적그리스도가 오리라는 말을 너희가 들은 것과 같이 지금도 많은 적그리스도가 일어났으니 그러므로 우리가 마지막 때인 줄 아노라

요한2서 1장 7절에서 이 세상에 오신 주님이 그리스도이심을 인정하지 않는 많은 미혹하는 자들이 있다고 하신 말씀과 일관되게 이 말씀에서도 많은 적그리스도가 있다고 한다. 또한, 적그리스도가 있음으로 해서 마지막 때인 줄을 안다고 설명한다.

위에 나눈 네 구절이 성경 전체에서 적그리스도라는 단어를 사용한 모든 구절들이다.

이 구절들을 통해서 알 수 있는 사실은 적그리스도는 단어가 표현하는 그대로, 그리스도를 대적하는 모든 세력에 대해서 사용한 단어이다. 예수 그리스도를 대적하는 세력들은 예수님께서 이 세상에 오신 때부터 계속해서 있었으므로, 예수님께서 마지막 때에 이 세상에 오신

것이고, 그 마지막 때에 적그리스도의 세력들은 거짓말을 하며 예수 그리스도를 대적을 하면서 예수 그리스도를 믿고 따르는 자들을 미혹한다는 것이다.

적그리스도에 대해서 잘 알아야 하는 이유는 그들이 그리스도께 나아가고자 하는 자들을 미혹을 하기 때문에 우리가 미혹에 빠지지 않고 바른 분별을 하며 믿음 안에 서 있기 위함이다.

예수 그리스도를 믿는 자들에게 거짓말하며 미혹하여서 우리를 넘어지게 하는 자들을 자세히 알고 우리가 그들에게 속하지 않고 그들의 영향력에서 나와서 그들의 죄에 참여하지 않으며 그들이 받는 재앙을 받지 않게 되는 것은 하나님께서 지금 이 시대에 우리에게 바라시는 그분의 선하신 뜻이다.

3

적그리스도에 대한 예수님의 예언

적그리스도라는 단어에 대한 성경 중심적인 개념을 세워 가면서 예수님께서 자신들을 대적하는 세력들에 대해서 하신 말씀들을 중심으로 우리가 깨닫지 못하고 있었던 어두운 세력의 영향력에 대해서 자세히 알아보는 것이 중요하다는 생각이 들었다. 그리스도이신 자신을 대적하는 자들에 대해서 예수님께서는 어떠한 모습으로 그들을 대하였을까 하는 부분을 먼저 보겠다.

먼저, 예수님을 대적하는 자들이 누구였는지를 알기 위해서, 예수님께서 "주의하라"라고 하신 예수님께서 대적하신 대상들이 누구인지를 살펴보자.

성경 가운데 "주의하라"라는 말씀은, Greek으로는, προσέχω, βλέπω, ὁράω, 영어로는, Take heed, Beware, 그리고 한글로는, 주의하라, 삼가라, 조심하라라는 단어가 사용이 되었는데, 일관성 없이 섞어 가며 사용되었다. 그래서, 주의하라, 조심하라, 삼가라라는 내용이 들어간 모든 말씀들 중에서, 우리 자신에게 조심을 하라는 내용의 말씀을 제하고, 주의해야 하는 대상을 예수님께서 지적하신 말씀들만 모아 보았다.

마태복음 7:15
거짓 선지자들을 삼가라 양의 옷을 입고 너희에게 나아오나 속에는 노략질하는 이리라

마태복음 16:6
예수께서 이르시되 삼가 **바리새인과 사두개인들의 누룩을 주의하라** 하시니

마태복음 16:11
어찌 내 말한 것이 떡에 관함이 아닌 줄을 깨닫지 못하느냐 오직 **바리새인과 사두개인들의 누룩을 주의하라** 하시니

마가복음 8:15
예수께서 경고하여 이르시되 삼가 **바리새인들의 누룩과 헤롯의 누룩을 주의하라** 하시니

마가복음 12:38, 39

예수께서 가르치실 때에 이르시되 긴 옷을 입고 다니는 것과 시
장에서 문안 받는 것과 회당의 높은 자리와 잔치의 윗자리를 원
하는 **서기관들을 삼가라**

누가복음 12:1

그 동안에 무리 수만 명이 모여 서로 밟힐 만큼 되었더니 예수께
서 먼저 제자들에게 말씀하여 이르시되 **바리새인들의 누룩 곧 외
식을 주의하라**

누가복음 20:46

긴 옷을 입고 다니는 것을 원하며 시장에서 문안 받는 것과 회당
의 높은 자리와 잔치의 윗자리를 좋아하는 **서기관들을 삼가라**

주님께서 주의를 주셨던 내용들의 말씀 가운데에서 언급이 된 자들
은 바리새인, 사두개인들, 헤롯, 그리고 서기관들이었다. 복음서 내용
의 많은 부분에서 예수님께서 이들에 의해서 핍박을 받고 이들로 인해
서 십자가에 못 박히시고 돌아가시게 되는 내용들을 포함하고 있다.

예수님도 이들에 대해서는 사랑이 많으신 모습과 모두 다 이해해 주
시는 그런 모습으로 그들을 대하지 않으셨고, "뱀들아", "독사의 새끼

들아", "너희가 어찌 지옥의 판결을 피하겠느냐"라고 하시면서 과격한
말들로 저주를 하셨다. 마태복음 23장은 전체가 바리새인들과 사두개
인들을 향해서 하신 저주에 대한 내용이며, 복음서의 많은 부분에 예
수님께서 이들을 저주하면서 대적하는 내용들을 찾아볼 수 있다.

　그래서, 예수님께서 복음서에서 대적하시고 저주하셨던 대상들과
예수님께서 다시 오셨을 때 심판을 받게 되는 대상들이 어떻게 연결이
되는지 그 연결점을 찾아보기로 했다.

　전편의 "부정할 수 없는 사실"이라는 제목의 38장에서, 우리가 어디
에서 어떻게 나와서 어떤 모습이 되기를 원하시는지를 제대로 알아야
하겠다는 마음에, 박해 당시 예언서 주석 내용들을 찾아보면서, 요한
계시록의 하나님의 원수를 의미하는 용, 짐승, 그리고 적그리스도 관
련 내용들을 살펴봤었다. 그리고, 그 내용과 연결되는 적그리스도와
관련된 성경 구절들을 살펴봤다. 바로 아래의 구절들이다. (5)

요한계시록 16:6
저희가 **성도들과 선지자들의 피를 흘렸으므로** 저희로 피를 마시
게 하신 것이 합당하니이다 하더라

요한계시록 17:6

또 내가 보매 이 여자가 **성도들의 피와 예수의 증인들의 피에 취한지라** 내가 그 여자를 보고 기이히 여기고 크게 기이히 여기니

요한계시록 18:24

선지자들과 **성도들과 및 땅 위에서 죽임을 당한 모든 자의 피가** 이 성중에서 보였느니라 하더라

요한계시록 19:2

그의 심판은 참되고 의로운지라 음행으로 땅을 더럽게 한 큰 음녀를 심판하사 **자기 종들의 피를 그의 손에 갚으셨도다** 하고

그러면서 나누었던 내용이, 하나님께서 하나님의 자녀들의 무고한 피를 흘리게 한 것에 대해서 공의를 행하실 것은 누구도 부정할 수 없는 사실이라는 것이었다. 예수님을 사랑하는 성도들, 예수님의 종들을 죽인자들이 예수님께서 다시 오셨을 때 심판을 받고 형벌을 받게 될 대상이라는 것이었다. 그리고 역사 가운데에서 선명하게 나타나는, 그러한 혐의가 있는 대상인 로마에 대해서, 우리가 그들의 죄에 같이 참여하고, 또 그들이 받아야 할 형벌을 같이 받아야 할 이유가 없다는 이야기를 나누었다.

이러한 내용에 대해서 예수님께서 벌써 예언을 하신 내용을 복음서 가운데에서 찾을 수 있었다.

마태복음 23:29-35

화 있을진저 외식하는 서기관들과 바리새인들이여 너희는 선지 자들의 무덤을 만들고 의인들의 비석을 꾸미며 이르되, 만일 우 리가 조상 때에 있었더라면 우리는 그들이 선지자의 피를 흘리는 데 참여하지 아니하였으리라 하니, 그러면 너희가 선지자를 죽인 자의 자손임을 스스로 증명함이로다 너희가 너희 조상의 분량을 채우라 **뱀들아 독사의 새끼들아 너희가 어떻게 지옥의 판결을 피 하겠느냐** 그러므로 **내가 너희에게 선지자들과 지혜 있는 자들과 서기관들을 보내매 너희가 그 중에서 더러는 죽이거나 십자가에 못 박고 그 중에서 더러는 너희 회당에서 채찍질하고 이 동네에 서 저 동네로 따라다니며 박해하리라** 그러므로 의인 아벨의 피로 부터 성전과 제단 사이에서 너희가 죽인 바라갸의 아들 사가랴의 피까지 **땅 위에서 흘린 의로운 피가 다 너희에게 돌아가리라**

1. 뱀들아 독사의 새끼들아 너희가 어떻게 지옥의 판결을 피하겠느냐

앞서 이야기한 것처럼, 마태복음 23장 전체의 말씀은 서기관들과 바 리새인들을 향한 예수님의 저주의 말씀이다. 그런데, 예수님께서는 이 성경말씀 가운데에서, 서기관들과 바리새인들을 향해서, "뱀", "독사의 새끼"라고 하셨다. 그런데, 뱀은, 요한계시록 12:9에서, "옛 뱀 곧 마귀라고도 하고 사탄이라고도 하며 온 천하를 꾀는 자라"라고 설명을 한다. 또한, 독사는 원어로, ἔχιδνα인데, 치명적인 독을 퍼트려 참된 것을 거짓으로 바꾸려는 악의적인 욕망을 나타내는 말이다. 그러면서, 예수님께서는, 그들이 지옥의 판결을 피할 수 없는, 그들이 결국 "그들의 죄에 참여하지 말라"라고 하시는 말씀 가운데서 "그들"인 것을 선포하셨다.

2. 내가 너희에게 선지자들과 지혜 있는 자들과 서기관들을 보내매 너희가 그 중에서 더러는 죽이거나 십자가에 못 박고 그 중에서 더러는 너희 회당에서 채찍질하고 이 동네에서 저 동네로 따라다니며 박해하리라

이 구절은 앞으로 이들이 무슨 일을 하게 될 것인지를 예언하신 말씀이시다. 왜냐하면, 하나님께서 보내신 선지자들과, 지혜 있는 자들과, 서기관들을 죽이고, 십자가에 못 박고, 채찍질하고, 따라다니며 박해를 할 것이라며 미래 형으로 말씀을 하셨기 때문이다. 그러니까, 위에서 살펴본 요한계시록 말씀들 중에서 "성도들과 선지자들의 피"를 흘리게 한 자들이 결국은 예수님께서 마태복음 23장에서 저주를 하신 "외식하는 서기관과 바리새인들"이라는 것이다. 외식하는 자들의 세력이 결국은 계속해서 성도들과 하나님의 종들을 죽이는 세력이 될 것이라는 예언의 말씀이었던 것이었다.

3. 땅 위에서 흘린 의로운 피가 다 너희에게 돌아가리라

결국 예수님께서 이 세상에 다시 오셔서 심판하실 대상은 외식하는 서기관과 바리새인들이다. 그들은 앞으로 하나님이 보내신 선지자와 서기관들을 죽일 것이고, 의로운 피를 흘리게 한 죄가 쌓이게 되어서 마지막 때에 주님이 오셨을 때에 예수님의 복수의 대상이 될 것이다. 결국 그 피의 값을 치르는 자들이 된다는 것이다. 외식하는 자들의 세력에게 땅 위에서 흘린 의로운 피의 대가를 물으신다는 말씀이다.

이 말씀을 통해서 알게 된 사실은 예수님께서 다시 오셨을 때에 심판을 받게 되는 적그리스도라는 대상이 새로운 것이나 신비로운 것이 아니고, 벌써 예수님이 오셔서 확실하게 설명을 하시고 알려 주셨던 대상이라는 사실이다. 예수님을 대적하고, 성도들과 예수님의 종들을 대적하고 핍박하는 대상들이 곧 적그리스도이다.

외식하는 바리새인들과 사두개인들을 향하여서, 선지자들을 죽이고 박해를 할 것이라고 예수님께서 예언을 하셨는데, 이 외식하는 무리가 어떻게 역사적으로 계속해서 연결이 되어서 결국 예수님의 예언이 이루어지게 되는지에 대해서 다음 장들을 통해서 알아 가겠다.

4

이것이 다 이 세대에 돌아가리라

지난 장에서 외식하는 서기관들과 바리새인들이 주님께서 보내신 선지자들과 서기관들을 죽이고 십자가에 못 박고, 회당에서 채찍질하고 이 동네에서 저 동네로 따라다니며 박해할 자들이라고 하셨다.

마태복음 23:33-35

뱀들아 독사의 새끼들아 너희가 어떻게 지옥의 판결을 피하겠느냐 그러므로 내가 너희에게 선지자들과 지혜 있는 자들과 서기관들을 보내매 **너희가 그 중에서 더러는 죽이거나 십자가에 못 박고 그 중에서 더러는 너희 회당에서 채찍질하고 이 동네에서 저 동네로 따라다니며 박해하리라** 그러므로 의인 아벨의 피로부터 성전과 제단 사이에서 너희가 죽인 바라갸의 아들 사가랴의 피까지 땅 위에서 흘린 의로운 피가 다 너희에게 돌아가리라

그런데 이해가 되지 않는 부분이 있다.

'외식하는 서기관들과 바리새인들'과, '마지막 때에 심판받게 되는 자'들을 어떻게 시간적으로나 아니면 공통적인 부분으로 연결이 되는가 하는 부분이다. 분명히 미래형으로 앞으로 그들이 그렇게 할 것을 설명하셨는데, 어떤 연결점을 통해서 그들이 마지막 때에 심판을 받는 대상이 되는가 하는 것이 이해가 되지를 않는다.

바로 다음 구절을 읽고 그 의문이 해결이 되었다.

마태복음 23:36

내가 진실로 너희에게 이르노니 이것이 다 이 세대에 돌아가리라

그런데, 이 구절을 이해를 하기 위해서는, "세대"라는 단어의 의미를 먼저 알아야 한다.

예수님께서는 복음서에 "세대"라는 단어를 여러 번 쓰셨다. 영어로는 generation이다. 이 단어를 예수님께서 쓰실 때, 예수님께서 살아계시던 그 시대를 이야기하는 것이라고 생각하였다. 그런데, 그런 시대적 관점으로 세대라는 단어를 이해하면서 말씀을 보면, 예수님께서 하신 말씀들이 이해가 가지를 않고 상황적으로 맞지가 않는다.

누가복음 11:29

무리가 모였을 때에 예수께서 말씀하시되 이 세대는 악한 세대라
표적을 구하되 요나의 표적 밖에는 보일 표적이 없나니

당시의 세대만 악한 세대라고 하시는 것인가?

마가복음 8:12

예수께서 마음속으로 깊이 탄식하시며 이르시되 어찌하여 이 세
대가 표적을 구하느냐 내가 진실로 너희에게 이르노니 이 세대에
표적을 주지 아니하리라 하시고

당 세대의 모든 사람들이 표적을 구한 것이 아니었고, 바리새인들이
예수께 와서 구하였었다.

누가복음 11:50

창세 이후로 흘린 모든 선지자의 피를 이 세대가 담당하되

예수님 당 세대 사람들이 모든 선지자의 피를 담당을 하는 것이면,
그 전이나 후의 세대에는 어떠한 책임도 없다는 것인가?

마태복음 23:36

내가 진실로 너희에게 이르노니 이것이 다 이 세대에 돌아가리라

예수님이 사시던 시대에 살았던 동시대 사람들에게만 모든 책임과 형벌이 돌아가게 된다는 것인가?

마태복음 24:34

내가 진실로 너희에게 말하노니 이 세대가 지나가기 전에 이 일
이 다 일어나리라

마가복음 13:30

내가 진실로 너희에게 말하노니 이 세대가 지나가기 전에 이 일
이 다 일어나리라

누가복음 21:32

내가 진실로 너희에게 말하노니 이 세대가 지나가기 전에 모든
일이 다 이루어지리라

위의 말씀은, 마태복음, 마가복음, 누가복음을 통해서 세 번이나 확
증을 하면서 하신 말씀이며, 마지막 때에 큰 환란에 관한 말씀이다. 그
런데, 큰 환란이 일어나는 것이 예수님의 당 세대가 지나가기 전에 다

이루어진다고 하시면, 예수님의 세대 이후에는 환란이 없다는 말씀인지 도저히 이해가 가지를 않는다.

위에서 본 내용대로, 세대라는 단어를 시간적인 의미로 그때 당시에만 국한된 것으로 이해를 하고 보니, 예수님께서 하신 세대에 관한 말씀들을 이해를 할 수가 없었다. 그래서, 원어를 찾아보니, 세대는 γενεά라는 단어로, 인종, 부족, 그룹, 세대 등의 의미가 있었다.

예수님께서 외식하는 바리새인과 사두개인, 서기관들을 향하여 이 세대라고 하신 말씀은, 외식하는 자들의 그룹, 외식하는 자들의 세력을 말씀을 하신 것이었다. 위에서, 바리새인과 서기관들을 향하여 하신 저주가 어떻게 마지막 때에 심판받는 적그리스도의 세력과 연결이 될 수 있을까 하는 질문에 대한 해답은, 외식하는 자들로 세워진 세력은 마지막 때에 세상 끝까지 계속해서 외식하는 자의 모양으로 연결이 된다는 것이었다. 결국, 외식하는 서기관들과 바리새인들의 무리들이 계속 외식하는 자들의 무리로 그 세력이 이어지면서 마지막에 심판받을 자들도 역시 외식하는 자들의 세력이 될 것이라는 것이다.

그래서, 세대라는 단어를 사용하신 말씀들 중에서 외식하는 바리새인들과, 사두개인, 그리고 서기관들을 향하여서 하신 말씀들을, 시대적인 '세대'가 아니라 '모든 외식하는 자들의 무리와 그 세력'으로 인지를 하고 다시 읽어 보니, 모든 말씀들을 다 선명히 이해를 할 수가 있었다.

누가복음 11:50

창세 이후로 흘린 모든 선지자의 피를 이 세대가 담당하되

창세 이후로 흘린 모든 선지자의 피를 담당할 자들이 결국 외식하는 자들의 세력이 되는 것이다. 그래서, 예수님께서 외식하는 바리새인들과 서기관들을 향해서, 그들이 앞으로 선지자의 피를 흘리게 할 자들인 것을 미래형으로 이야기하실 수 있으셨던 것이었다.

마태복음 23:36

내가 진실로 너희에게 이르노니 이것이 다 이 세대에 돌아가리라

예수님을 대적하던 자들, 적그리스도의 무리가 곧 외식을 하는 자들의 세력이었고, 그 세력은 로마의 힘을 입어서 예수님을 죽이고, 예수님의 제자들을 죽이고, 교인들을 죽였으며, 로마 제국이 이어지며 세워진 로마 교회는 외식하는 자들의 세력이었고, 결국 많은 하나님의 자녀들을 죽였으며, 마지막 때에 예수님께서 다시 오셔서 심판하실 때에 심판받게 될 자들인 것을 말씀하시는 것이었다.

마태복음 24:34

내가 진실로 너희에게 말하노니 이 세대가 지나가기 전에 이 일
이 다 일어나리라

마가복음 13:30

내가 진실로 너희에게 말하노니 이 세대가 지나가기 전에 이 일
이 다 일어나리라

누가복음 21:32

내가 진실로 너희에게 말하노니 이 세대가 지나가기 전에 모든
일이 다 이루어지리라

원어를 직역한 내용을 보면 이 말씀은 모든 것이 다 이루어지기까지
이 세대는 다하지 않는다는 내용이다. 결국 큰 환란이 일어나고 모든
마지막 때의 일들이 다 이루어질 때까지 외식하는 자들의 세력은 계속
해서 있을 것이라는 것이다. 역사적으로 봐도 외식하며 하나님의 성도
들과 하나님의 종들을 핍박하던 세력은 계속 있었다.

결국 외식하는 자들의 세력이 예수님께서 다시 오셔서 심판하시기
전까지 예수님과 그의 사랑하는 자녀들을 대적하는 세력이고, 외식하
는 모양으로 예수님을 대적하는 세력은 곧 적그리스도의 세력이라는

것이다.

이제는 적그리스도가 공포영화에서 나오는 이미지가 아니라, 예수님과 그를 사랑하는 성도들을 대적하는 모든 세력, '외식'이라는 수단을 가지고 많은 사람들을 미혹해서 자신에게 로 속하게 하는 세력이라는 선명한 분별이 생겼다.

이제는, 그 세력의 미혹에 빠지지 않기 위해서, 그들의 영향력에 속하지 않고 온전히 거기서 나오기 위해서, 그들을 알고 또 우리를 돌아볼 수 있는 내용들을 진리의 성경말씀 가운데에서 살펴보겠다.

5

외식

적그리스도의 존재에 대해 이해가 쉬워지고 선명해졌다. 이제는 외식에 대해서 자세히 알아보겠다. 외식하는 자들의 세력과 적그리스도의 세력이 직접적인 관계라는 것을 알게 되니, 예수님께서 계속 자신을 대적하는 자들을 향해서 지적하신 외식에 대한 정확한 이해가 필요하겠다는 생각이 들었다.

예수님께서는 마태복음 23장에서만 "화 있을진저 외식하는 서기관들과 바리새인들이여"라는 말씀을 6번이나 하셨다. 또한, 누가복음 12장 1절에서는, "바리새인들의 누룩 곧 외식을 주의하라"라고 하시면서, 바리새인들의 죄를 외식이라는 것 하나로 정의를 하셨다. 이처럼 계속해서 주의하라고 하시는 외식에 대해서 제대로 살펴보고 어떻게 주의할 수 있는지를 알아보겠다.

외식은 원어로는 ὑποκριτής이다. 위선자, 가장하는 사람 이라는 뜻을 가지고 있고, 가면을 쓰고 연기를 하는 연기자에서 유래된 말이기 때문에, 겉으로 나타나는 모습과 속마음이 다른 것을 표현을 한다. 예수님께서도 마태복음 15장 7, 8절에서 "외식하는 자들아 이사야가 너희에 관하여 잘 예언하였도다 일렀으되 이 백성이 입술로는 나를 공경하되 마음은 내게서 멀도다"라고 말씀을 하셨다. 마음으로는 하나님을 공경하지 않으면서도 말로는 하나님을 공경하듯이 표현한다는 말이다.

　왜 마음과 행동이 다른 외식하는 죄를 저지르게 되는 걸까. 그 이유는 예수님께서 외식에 대해서 하시는 말씀들을 통해서 여러 번 설명이 되어 있었다.

마태복음 6:1
사람에게 보이려고 그들 앞에서 너희 의를 행하지 않도록 주의하라…

마태복음 6:2
그러므로 구제할 때에 외식하는 자가 **사람에게서 영광을 받으려고** 회당과 거리에서 하는 것 같이 너희 앞에 나팔을 불지 말라…

마태복음 6:5
또 너희는 기도할 때에 외식하는 자와 같이 하지 말라 그들은 **사**

람에게 **보이려고** 회당과 큰 거리 어귀에 서서 기도하기를 좋아하
느니라…

마태복음 6:16
금식할 때에 너희는 외식하는 자들과 같이 슬픈 기색을 보이지
말라 그들은 금식하는 것을 **사람에게 보이려고** 얼굴을 흉하게 하
느니라…

사람에게 잘 보이고자 하는 마음에, 사람들에게 인정받고 영광을 받
으려는 마음에, 겉을 더 꾸미고, 더 나은 사람으로 보이려는 연극을 하
게 된다는 것이다.

그런 외식하는 마음에 관하여서, 예수님께서 정확하게 우리에게 외
식하지 않을 수 있는 방법을 알려 주셨다.

마태복음 6:6
너는 기도할 때에 네 골방에 들어가 문을 닫고 **은밀한 중에 계신 네**
아버지께 기도하라 **은밀한 중에 보시는 네 아버지께서** 갚으시리라

마태복음 6:17, 18
너는 금식할 때에 머리에 기름을 바르고 얼굴을 씻으라 이는 금

식하는 자로 사람에게 보이지 않고 오직 **은밀한 중에 계신 네 아버지께** 보이게 하려 함이라 **은밀한 중에 보시는 네 아버지께서** 갚으시리라

사람에게 보이려고 하지 말고 은밀한 중에 보시는 하나님께 보이려고 하라는 것이다. 결국 외식은 하나님의 눈앞에서 사는 것이 아니라, 사람의 눈을 의식하고 사는 것이었다.

어느 누가 이 외식하는 죄에서 자유로울 수가 있을까.

인간의 마음에는 어떤 가치도 없는, "nothing"의 존재가 되기를 두려워하는 마음이 있다. 그래서 어디에서든지, 어느 상황에서든지 "nothing"의 존재가 아닌, 뭔가 가치 있는 "something"이 되기를 원한다. 가치가 인정이 되어서, "something"의 존재가 되고자 하는 소원은, 어떠한 가치도 없는, 인정받지 못하고 높임받지 못하는 "nothing"이 되는 것에 대한 두려움의 표현이다. 그래서 이 세상의 모든 사람들은, 자신의 존재가 가치가 없는 것처럼 느껴지는, 아무것도 아닌 존재인 것처럼 되는 상황을 피하려고, 부단히도 "nothing"이 아닌, "something"이 되기를 추구한다.

교회에서도, 신앙생활을 하는 가운데서도, 존재 가치가 인정되도록,

가치 있는 사람으로 인정받기 위해서 끝없이 노력한다. 교회는 그런 존재 가치를 높이고자 하는 데 있어서 중요한 장소이다. 열심히 선행을 하고, 성경 공부를 하고, 기도를 하고, 금식을 하면서 인정받을 만한 사람으로 비춰질 수 있는 곳이기 때문이다.

교회 안에서 지도층이 되는 것은 그러한 인정 가치에 맞추어서 사람들의 헌신도와 비례하게 단계 단계 올라갈 수 있도록 되어 있다. 그것은 자신은 아무것도 아닌 존재인 것처럼 느껴지는 자들이 우러러보면서 그렇게 되기를 선망하는 자리이다. 교회연합들이 많이 생기고, 단체의 규모와 영향력이 커져 갈수록, 그로 인해서 사람들의 인정과 높임을 받을 수 있는 더 많은 선망하는 자리들이 생기고 있다.

그런 모습을 향해서 하신 예수님의 말씀이 있다.

마가복음 12:38-40

예수께서 가르치실 때에 이르시되 긴 옷을 입고 다니는 것과 시장에서 문안 받는 것과 회당의 높은 자리와 잔치의 윗자리를 원하는 서기관들을 삼가라 그들은 과부의 가산을 삼키며 외식으로 길게 기도하는 자니 그 받는 판결이 더욱 중하리라 하시니라

누가복음 16:15

예수께서 이르시되 너희는 사람 앞에서 스스로 옳다 하는 자들이
나 너희 마음을 하나님께서 아시나니 사람 중에 높임을 받는 그
것은 하나님 앞에 미움을 받는 것이니라

요한복음 5:44

너희가 서로 영광을 취하고 유일하신 하나님께로부터 오는 영광
은 구하지 아니하니 어찌 나를 믿을 수 있느냐

하나님의 눈앞에서 살지 않고 사람의 눈을 의식하고 살면서, 사람들
에게 인정받는 것을 바라는 우리의 마음은, 하나님께서 미워하시는 마
음이며, 참믿음을 가질 수 없는 마음이며, 중한 판결을 받게 되는 큰
죄인 것을 알려 주시는 말씀들이다.

예수님께서는 외식에 대해서 엄중히 경고를 하셨고, 외식하는 자들
의 무리에게 지옥의 판결을 피하지 못할 것이라고 하셨으며, 화 있을
것이라는 말씀을 여러 번 반복하셨다.

그렇게 우리에게 여러 번 주의를 하라고 명하신 죄가, 살인죄도 아
니고, 간음죄도 아니고, 외식의 죄인데, 그것은 이 세상의 어느 누구도
온전히 자유로울 수 없는, 사람의 눈을 의식하면서 살지 않고 하나님
눈앞에서 살며, 사람에게 인정받는 것을 바라지 않고 하나님께서 인정

하여 주시기를 바라는 삶이다!

인간의 힘으로는 도저히 할 수 없는 일이구나 하는 생각이 들었다.

하나님께서는 어느 누구도 자랑치 못하도록, 하나님만이 하실 수 있는 일들로 하나님의 구원을 이루어 가시는구나 하는 생각을 했다.

하염없이 낮아져서 통회하는 회개의 기도로 나는 nothing이 되고 주님만이 everything이 되시기를 구할 때, 하나님의 능력으로 인해서, 은밀한 중에 보시는 하나님의 눈앞에서만 사는 삶이 가능케 하실 것을 확신한다.

6

외식과 두려움

지난 장에서 외식은 하나님의 눈앞에서 사는 것이 아니라 사람의 눈
을 의식하고 사는 것이라는 이야기를 했다. 예수님께서 하나님의 눈
앞에 사는 사람과 사람의 눈앞에서 사는 사람의 차이가 무엇을 통해서
나타나는지에 대해서 외식하는 자들을 설명을 하시면서 아주 자세하
게 설명을 해 주셨다.

누가복음 12:1-5
그 동안에 무리 수만 명이 모여 서로 밟힐 만큼 되었더니 예수께
서 먼저 제자들에게 말씀하여 이르시되 바리새인들의 누룩 곧 외
식을 주의하라 감추인 것이 드러나지 않을 것이 없고 숨긴 것이
알려지지 않을 것이 없나니, 이러므로 너희가 어두운 데서 말한
모든 것이 광명한 데서 들리고 너희가 골방에서 귀에 대고 말한
것이 지붕 위에서 전파되리라 내가 내 친구 너희에게 말하노니
몸을 죽이고 그 후에는 능히 더 못하는 자들을 두려워하지 말라

마땅히 두려워할 자를 내가 너희에게 보이리니 곧 **죽인 후에 또**
한 지옥에 던져 넣는 권세 있는 그를 두려워하라 내가 참으로 너
희에게 이르노니 그를 두려워하라

예수님께서는 누가복음 12장 1절에서, 바리새인들의 누룩인 외식을
주의하라고 하신다. 그리고 곧 감추어진 것이나 숨겨진 것이 드러나지
않을 것이 없다고 하시면서, 겉과 속이 다른 외식을 통해서 아무리 속
을 감추려 하여도 속이 다 보인다고 설명을 하신다. 그런 다음 바로 두
려움에 관한 말씀을 하셨다. 사람을 아무리 두려워해도 사람은 몸밖에
죽이지를 못하는데, 하나님은 몸이 죽고 나서 지옥에까지 넣을 수 있
는 권세가 있는 분이시니, 사람을 두려워하지 말고 하나님을 두려워하
라고 하셨다. 외식의 여부를 판단하는 수단이 두려움이라는 것이다.
다시 말해서, 하나님의 눈앞에서 사는 사람은, 매 순간 나의 영혼을 주
관하시는 분이 하나님이심을 알고, 눈에 보이는 세상의 권세보다도,
눈에 보이지 않으시는 하나님을 더 두려워해야 한다는 것이다. 사람을
두려워하는지, 하나님을 두려워하는지, 그 사람 가운데에 있는 두려움
의 근원을 보고 외식함을 판단할 수 있다는 것이다.

그래서 성경에는 하나님을 두려워하고 사람을 두려워하지 말라고
하는 두려움에 관련된 말씀들이 많이 있다.

시편 56:4

내가 하나님을 의지하고 그 말씀을 찬송하올지라 내가 하나님을 의지하였은즉 두려워하지 아니하리니 혈육을 가진 사람이 내게 어찌하리이까

신명기 7:21

너는 그들을 두려워하지 말라 너희의 하나님 여호와 곧 크고 두려운 하나님이 너희 중에 계심이니라

시편 3:6

천만인이 나를 에워싸 진 친다 하여도 나는 두려워하지 아니하리이다

시편 22:23

여호와를 두려워하는 너희여 그를 찬송할지어다 야곱의 모든 자손이여 그에게 영광을 돌릴지어다 너희 이스라엘 모든 자손이여 그를 경외할지어다

시편 23:4

내가 사망의 음침한 골짜기로 다닐지라도 해를 두려워하지 않을 것은 주께서 나와 함께 하심이라 주의 지팡이와 막대기가 나를

안위하시나이다

여호와는 나의 빛이요 나의 구원이시니 내가 누구를 두려워하리
요 여호와는 내 생명의 능력이시니 내가 누구를 무서워하리요

내가 하나님을 의지하였은즉 두려워하지 아니하리니 사람이 내
게 어찌하리이까

　눈에 보이는 이 세상과 세상 사람들이 우리의 두려움의 대상이 아니
고, 눈에 보이지 않는 하나님이 우리의 두려움의 대상이 된다는 것은,
영원한 세상이 너무나도 선명하게 믿어져서, 짧은 이 세상보다 영원한
삶이 얼마나 더 가치 있고 중요한 것인지가 확실히 깨달아질 때에 가
능한 일이다. 믿음이 없이는 도저히 불가능하다는 것이다. 따라서 외
식을 하게 되는 것은 믿음이 없음으로 인해서 영원한 세상은 잘 믿어
지지가 않고, 이 세상의 일들만이 너무나도 크고 두렵게 나에게 다가
오게 되기 때문이다.

　내 마음의 두려움의 대상을 파악하게 되면, 내가 외식을 하는 자인
지, 믿음으로 사는 자인지를 알 수 있게 된다는 사실이다.

두려움은 우리의 믿음과 직접적인 관계가 있기 때문에, 성경 전체에서는 하나님을 두려워하는 것에 대해 그 중요성을 계속해서 말씀을 하셨다. 그런데, 성경의 한국어 번역으로 이 내용이 쉽게 연관되게 느껴지지 않을 수 있다. 하나님을 경외하라고 할 때에 경외의 원어 יִרְאָה의 뜻이 두려움이다. 영어로는 Fear이라는 단어를 사용한다. 하나님의 눈 앞에서만 살며 하나님만을 참두려움의 대상으로 인정하고, 보이는 세상을 의지하지 않고 하나님을 따른다는 내용이 성경에서 Fear God, Fear the Lord으로 표현이 되어 있다.

잠언 1:7

여호와를 경외하는 것이 지식의 근본이거늘 미련한 자는 지혜와 훈계를 멸시하느니라

The fear of the Lord is the beginning of knowledge, But fools despise wisdom and instruction.

잠언 19:23

여호와를 경외하는 것은 사람으로 생명에 이르게 하는 것이라 경외하는 자는 족하게 지내고 재앙을 당하지 아니하느니라

The fear of the Lord leads to life, And he who has it will abide in satisfaction; He will not be visited with evil.

시편 25:12

여호와를 경외하는 자 누구냐 그가 택할 길을 그에게 가르치시리로다

Who is the man that **fears the Lord?** Him shall He teach in the way He chooses.

시편 34:7

여호와의 천사가 주를 경외하는 자를 둘러 진 치고 그들을 건지시는도다

The angel of the Lord encamps all around **those who fear Him,** And delivers them.

시편 115:13

높은 사람이나 낮은 사람을 막론하고 여호와를 경외하는 자들에게 복을 주시리로다

He will bless **those who fear the Lord,** Both small and great.

세상을 두려워하지 않고 하나님을 두려워하는 것이 모든 지혜의 근본이며, 외식하지 않는 방법이며, 믿음으로 사는 길이다. 그래서 사단은 여러가지 방법으로 우리가 하나님을 두려워하는 삶을 살지 못하도록 교란한다. 그중에 하나가, 세상 두려움을 크게 하여서 하나님보다

세상을 택하게 하는 것이다.

　요한복음 12장 42, 43절에는 "그러나 관리 중에도 그를 믿는 자가 많되 바리새인들 때문에 드러나게 말하지 못하니 이는 출교를 당할까 두려워함이라 그들은 사람의 영광을 하나님의 영광보다 더 사랑하였더라"라는 말씀이 나온다. 세상에서 출교 당하는 두려움이 크기에 예수님을 믿음에도 불구하고 하나님을 두려워하는 것보다 세상을 두려워하는 것을 택하였다는 내용이다.

　로마 카톨릭 교회가 종교재판을 통해서 사람들을 처형을 할 때에는, 모든 사람들이 두려움에 떨며 자신들의 믿음의 대상이 아닌 로마 교회를 두려워하게 하기 위해서 처형대를 높게 세우고 많은 관중들이 있는 가운데에 끔찍한 모습으로 처형하였다. 세상 두려움을 크게 하여서 하나님보다 세상을 택하게 하려는 계략이다. 그럼에도 불구하고 그 상황에서 하나님을 사랑하는 자녀들의 선택은 우리의 영원한 생명을 주장하시는 하나님보다 어떤 것도 더 두려워하지 않는다는 선택을 하였던 것이다.

　하나님을 두려워하지 않도록 하기 위해서 사단이 사용하는 다른 방법 중에 하나는, 하나님을 두려움의 대상이 아닌 것으로 만드는 것이다. 하나님은 기도를 언제든지 들어주시고, 매번 모든 어려움 가운데에서 도움을 주시고, 잘못했다고만 하면 매번 한결같이 용서해 주시고, 어떤 상황에서도 똑같이 한결같은 사랑으로만 대해 주시는 그런 하나님으로 만드는 것이다. 어느 부분을 보아도 두려움을 느낄 부분이 없고, 나의 필요에 따라서 하나님을 누리는 모습의 신앙생활이다. 하나님은 나의 소원을 들어주시는 마음 좋으신 할아버지의 모습이 되어 버렸다.

우리의 마음의 두려움이 세상의 어떤 다른 것도 아닌 하나님께 향하고 있을 때에만 우리는 외식하지 않을 수 있고, 매 순간 하나님을 인정하는 믿음의 삶을 살 수 있다. 사단은 우리 신앙생활 가운데에서 가장 중요한 것을 놓치게 하되, 놓치고 있는지도 모르게 미혹하여서 우리를 넘어지도록 한다.

지금 교회가 제시하는 하나님의 모습이 얼마나 사단이 우리를 미혹하기 원하는 모습과 같은지를 생각해 보면 두렵고 떨릴 수밖에 없다.

세상을 두려워하는 것이 아니라 하나님만을 두려워하며 외식하는 자들이 되지 않고 믿는 자들이 되기를 원하시는 하나님께서 지금도 우리에게 말씀하신다.

요한계시록 14:7
그가 큰 음성으로 이르되 하나님을 두려워하며 그에게 영광을 돌

리라 이는 그의 심판의 시간이 이르렀음이니 하늘과 땅과 바다와
물들의 근원을 만드신 이를 경배하라 하더라

7

외식으로 인한 잘못된 해석

외식의 원어 뜻 자체가 가면을 쓰고 하는 연극에서 유래가 된 것으로 겉과 속이 다른 것을 이야기한다는 내용을 앞 장에서 나눴었다. 이렇게 겉과 속이 다르게 살면서, 속보다는 겉을 더 신경을 쓰는 삶을 살 때 나타나는 현상이 있다. 그것은 바로 모든 하나님께서 말씀하시는 영적인 중요한 말씀들을 육신적인 것으로만 이해를 하게 되는 것이다. 다시 말해서, 영원한 하나님의 축복과 은혜에 대한 메시지를 세상에서 보이고 만져지는 것으로만 해석을 하게 된다는 것이다.

외식하는 자들에 대해서, 겉으로 보이는 것에만 마음을 쏟아 정말 중요한 영적 진리는 결국 놓치고 있다는 말씀을 마태복음 23장 23-26절에서 하셨다.

화 있을진저 외식하는 서기관들과 바리새인들이여 **너희가 박하
와 회향과 근채의 십일조는 드리되 율법의 더 중한 바 정의와 긍**

흘과 믿음은 버렸도다 그러나 이것도 행하고 저것도 버리지 말아야 할지니라 맹인 된 인도자여 하루살이는 걸러 내고 낙타는 삼키는도다 화 있을진저 외식하는 서기관들과 바리새인들이여 **잔과 대접의 겉은 깨끗이 하되 그 안에는 탐욕과 방탕으로 가득하게 하는도다** 눈 먼 바리새인이여 너는 먼저 안을 깨끗이 하라 그리하면 겉도 깨끗하리라

율법을 지키라고 하신 하나님께서 율법을 지키는 것을 통해서 우리가 얻기를 원하시는 것은, 정의와 긍휼과 믿음을 배우는 것이다. 율법의 외면적인 규정들만을 따르는 데 마음을 쏟으면서, 그 행위를 통해서 진정 얻기 원하시는 하나님의 은혜는 얻지 못하였다는 말씀이다. 또한, 깨끗케 하는 규정들을 통해서 하나님께서 우리에게 배우기를 바라시는 것은 마음을 깨끗케 하는 것이다. 그런데 규정들을 지키면서 겉으로 보이는 것에만 마음을 두기 때문에 그러한 규정에 대한 순종을 통해서 우리의 마음이 깨끗해지는 은혜를 입지 못하였다는 것이다.

하나님의 축복과 은혜를 항상 보이는 것, 만져지는 것, 느껴지는 것으로만 이해를 하다 보니까, 보이지 않고 만져지지 않아도 영원히 누릴 수 있는 참축복들을 놓치게 되었고, 그런 우리의 모습은 결국 하나님보다 세상을 의식하고 살아간 외식하는 죄를 지은 우리의 삶의 결과라는 것이다.

우리의 삶을 돌아보더라도, 이러한 경고를 하신 예수님의 말씀처럼, 우리의 눈이 너무나도 보이는 것에만 가치를 두고, 보이는 것에만 마음을 주기 때문에, 보이지 않는 영원한 하나님의 귀한 진리들을 이해를 할 수가 없었고, 그러다 보니까 하나님을 오해하고, 잘못 이해하고, 결국은 진정으로 사랑하지 않으면서 우리가 진정으로 하나님을 사랑하는지 안 하는지도 모르는 그런 자들이 되어 버렸다.

예수님께서 오셨을 당시 유대인들은 바빌론 유배 이후부터 마카베오 반란(142-61B.C.)의 기간을 제외하고는 회복되지 않은 정치적 독립으로 인해서, 불굴의 집념으로 성경말씀의 율법들을 지키면서 신앙을 이어 가는 데에 전심을 쏟고 있었다. 정치적으로 나라를 잃고 다시 찾지 못하는 긴 시간을 지내면서 그들에게는 성경의 율법을 철저히 지키고 하나님께 마음을 얻어서 나라의 독립을 다시 찾고자 하는 강한 소망이 있었다.(6) 그래서 그 당시 바리새인들은 말씀을 정통으로 연구하고 해석해서 엄격히 그 말씀을 지키도록 하는 일들을 하였다. 사두개인들은 주로 제사장 귀족들로 구성이 되었다. 그들은 높은 성례 관련 업무들을 담당하였으며, 사두개인들과 바리새인들이 법정과 공회를 포함하는 산헤드린의 대표들이었다. 그리고 서기관들은 성경 필사자들이었다. 그들은 엄격한 삶의 기준과 헌신을 통해서 성경 필사를 하는 것으로 알려져 있었다. 유대인들에게 바리새인, 사두개인, 그리고 서기관은 하나님의 말씀을 잘 알고 잘 지키고자 하는 노력이었고,

그러한 노력을 통해서 나라를 되찾는 소원을 이루고자 하는 목적이 있었다. (7)

그런데, 그들은 뭐를 놓치고 있었나?

열심히 하나님을 믿음으로 해서 나라를 빼앗긴 저주 가운데에서 해방이 되기를 원한 것….
율법을 엄격하게 지키면서 하나님의 마음을 사 보려고 한 것….
조상들이 하나님께 멀어져서 겪게 된 고난에서 열심을 다해서 나와 보려고 한 것….

뭐를 놓치고 있었는지 그들은 알지 못했다. 그런데, 오늘날 우리도 잘 알지 못한다.

하나님께서 진정으로 원하시는 것이 무엇인지를 놓치고 있다는 것이다. 예수님께서는 뭐를 놓치고 있는지 정확히 알려 주셨다.

마태복음 9:13
너희는 가서 내가 긍휼을 원하고 제사를 원하지 아니하노라 하신
뜻이 무엇인지 배우라 나는 의인을 부르러 온 것이 아니요 죄인
을 부르러 왔노라 하시니라

여기서 예수님께서는 호세아 6장 6절, "나는 인애를 원하고 제사를 원하지 아니하며 번제보다 하나님을 아는 것을 원하노라"는 말씀에 대해서 이야기하시는 것이다. 우리가 놓치고 있는 것에 대한 정확한 진단을 예수님께서 해 주셨다.

이 말씀의 뜻을 배우라고 예수님께서 말씀하셨듯이, 배우지 않고는 이해하기 힘든 말씀이다. 의인을 부르지 않으시고 죄인을 부르신다는 말씀과, 긍휼을 원하고 제사를 원하지 않으신다는 말씀은 어떻게 연결이 되는 것인지…. 그리고 또 하나님께서 기뻐하실 모양의 긍휼, 인애, 하나님을 아는 것은 어떤 모습인지…. 정말 배워야만 알 수 있는 진리임은 분명하다.

그래서, 하나님께서 정말 원하시는 것이 무엇인지를 설명하는 말씀들을 묵상해 보았다.

신명기 10:12

이스라엘아 네 하나님 여호와께서 네게 요구하시는 것이 무엇이냐 곧 네 하나님 여호와를 경외하여 그의 모든 도를 행하고 그를 사랑하며 마음을 다하고 뜻을 다하여 네 하나님 여호와를 섬기고

하나님께서 우리에게 요구하시고 원하시는 것은, 세상을 두려워하

지 않고 하나님을 두려워하면서 모든 것을 다 하여서 하나님을 사랑하는 우리의 마음이라고 하시니, 결국 외식하지 않는 진실된 마음을 원하시는 것이다.

시편 34:18

여호와는 마음이 상한 자를 가까이 하시고 충심으로 통회하는 자를 구원하시는도다

하나님께서는 우리의 마음을 원하신다. 중심으로 통회하면서 하염없이 낮아진 마음, 나는 죄인이로소이다를 외치는 그런 마음을 원하신다. 의인의 마음이 아닌 죄인의 마음을 원하시고, 그런 마음을 가진 자들을 부르신다는 것이다.

신명기 10:16

그러므로 너희는 마음에 할례를 행하고 다시는 목을 곧게 하지 말라

하나님은 표면적인 것을 원하시는 분이 아니라 내면적인 것을 원하시는 분이다. 할례를 통해서 언약을 하신 하나님은, 하나님과 언약을 맺은 백성이 되어서 하나님의 눈앞에서만 살며, 세상과 구별되어서 하나님만을 두려워하고 경외하는 백성들이 되기를 원하셨던 것이다. 마

음으로부터 세상과 구별된 외식하지 않는 중심을 원하셨던 것이다.

잠언 24장 12절

네가 말하기를 나는 그것을 알지 못하였노라 할지라도 마음을 저
울질 하시는 이가 어찌 통찰하지 못하시겠으며 네 영혼을 지키시
는 이가 어찌 알지 못하시겠느냐 그가 각 사람의 행위대로 보응
하시리라

하나님은 마음을 저울질하시는 분이시며, 우리의 영혼을 지키시는
분이라고 하신다. 우리의 마음을 저울질하시는 분께, 겉과 속이 다른
모습들이 분별이 되지 않을 수가 없다. 겉과 속이 다르다는 것은 우리
의 외식하는 마음이다. 외식하는 마음을 하나님께서 통찰하고 계시며
그것에 맞게 보응하신다는 것이다.

전도서 3:14

하나님께서 행하시는 모든 것은 영원히 있을 것이라 그 위에 더
할 수도 없고 그것에서 덜 할 수도 없나니 하나님이 이같이 행하
심은 사람들이 그의 앞에서 경외하게 하려 하심인 줄을 내가 알
았도다

하나님께서 행하시는 모든 것은 영원한 것인데, 우리는 잠깐 사는

이 세상의 축복으로만 연결하고 생각한다. 하나님께서는 영원한 영생의 축복을 주시면서 우리가 세상을 두려워하면서 사는 자들이 아니라 하나님만을 두려워하면서 사는 자들이 되게 하신다.

우리가 놓치고 있었던 하나님께서 진정으로 원하시는 것, 예수님께서 마태복음 9장 13절을 통해서 깨닫게 해 주시고자 하셨던 것은, 결국, 겉과 속이 다르지 않은, 세상의 마음이 뺏기지 않고 하나님의 눈앞에서 사는, 세상을 두려워하지 않고 하나님만을 두려워하는, 외식하지 않는 마음이었다.

이제 이해가 간다.

예수님께서, 외식을 하게 되면, 영원한 하나님의 축복과 은혜에 대한 메시지를 세상에서 보이고 만져지는 것으로만 해석을 하게 된다고 하시면서 외식에 대해서 경고하신 예수님의 경고가 이제는 너무나도 이해가 간다.

그리고, 외식으로 인해서 표면적인 모습은 가지고 있으면서 내면적인 참모습은 잃어버린 우리의 모습도 이제는 이해가 간다.

외식하는 자들의 세력, 마지막 때에 심판받을 세력에게 우리도 같이 외식함으로 빠져 있었다. 그리고 우리는 거기에서 나와야 한다.

회개하고 돌아서서 하나님만을 두려워하는 삶을 살 것을 선포하는 그런 결단이 지금 우리에게 필요하다.

8

외식으로 맹인 됨

예수님께서 외식하는 자들 향하여서, 보아도 보지 못하는 맹인 된 자들이라는 말씀을 여러 번 하셨다. 외식하는 것과 맹인이 되는 것은 직접적인 관계가 있는 것이라고 말씀을 하시는 것인데, 어떻게 연결되는 관계인지, 우리에게는 어떻게 적용이 되는 것인지 잘 알아보는 것이 중요할 것이라는 생각을 했다.

예수님께서 외식하는 바리새인들과 사두개인들을 향하여서 맹인들이라고 하신 말씀을 모아 보았다.

마태복음 15:14

그냥 두라 그들은 맹인이 되어 맹인을 인도하는 자로다 만일 맹인이 맹인을 인도하면 둘이 다 구덩이에 빠지리라 하시니

마태복음 23:17

어리석은 맹인들이여 어느 것이 크냐 그 금이냐 그 금을 거룩하게 하는 성전이냐

마태복음 23:19

맹인들이여 어느 것이 크냐 그 예물이냐 그 예물을 거룩하게 하는 제단이냐

마태복음 23:24

맹인 된 인도자여 하루살이는 걸러 내고 낙타는 삼키는도다

마태복음 23:26

눈 먼 바리새인이여 너는 먼저 안을 깨끗이 하라 그리하면 겉도 깨끗하리라

누가복음 6:39

또 비유로 말씀하시되 맹인이 맹인을 인도할 수 있느냐 둘이 다 구덩이에 빠지지 아니하겠느냐

누가복음 6:42

너는 네 눈 속에 있는 들보를 보지 못하면서 어찌하여 형제에게

말하기를 형제여 나로 네 눈 속에 있는 티를 빼게 하라 할 수 있
느냐 외식하는 자여 먼저 네 눈 속에서 들보를 빼라 그 후에야 네
가 밝히 보고 형제의 눈 속에 있는 티를 빼리라

예수님께서는 외식하는 종교 지도자들을 향해서, "맹인이 되어 맹인
을 인도하는 자", "어리석은 맹인들", "맹인 된 인도자", "눈 먼 바리새
인", "자신의 들보는 보지 못하고 다른 사람의 티를 비판하는 자"로 표
현을 하셨다.

계속해서 보지 못한다는 표현을 통해서 외식하는 자들을 설명하신
뜻이 무엇인지를 알기 원했다. 보지 못하는 맹인이 되었다고 하실 때,
어떤 것을 못 보고 있다는 것이며, 어떻게 해서 못 보게 된 것이며, 왜
그들은 자신들이 못 보고 있다는 사실을 모르고 있는 것인지를 자세히
알기 원했다.

예수님께서는 마태복음 6장에서 외식하는 자들에 대해서 말씀하시
면서, 사람에게 보이려고 하지 말고 은밀히 보시는 하나님께 보이려고
하라는 말씀을 하시면서 22절에 눈에 대한 말씀을 하신다.

마태복음 6:21-24
네 보물 있는 그 곳에는 네 마음도 있느니라 **눈은 몸의 등불이니**

그러므로 **네 눈이 성하면** 온 몸이 밝을 것이요, **눈이 나쁘면** 온 몸이 어두울 것이니 그러므로 네게 있는 빛이 어두우면 그 어둠이 얼마나 더하겠느냐? 한 사람이 두 주인을 섬기지 못할 것이니 혹 이를 미워하고 저를 사랑하거나 혹 이를 중히 여기고 저를 경히 여김이라 너희가 하나님과 재물을 겸하여 섬기지 못하느니라

눈이 맹인이 되지 않았을 때에는 우리가 빛 가운데 거할 수 있는데, 눈이 맹인이 되었을 때에는 빛에 거하지 못하고 어두움 가운데에 거하게 된다는 말씀이다. 그러면서 자신의 보물이 하늘에 있는지 땅에 있는지는, 마음이 어디를 향하고 있는지를 볼 때 알 수 있다는 것을 설명하신다. 하나님이 마음의 주인이 되든지, 세상의 것들이 마음을 차지하게 되든지, 둘 중에 하나만이 나의 마음의 자리를 차지하게 된다는 것이다. 그런데, 하나님은 빛이시고 세상은 어두움이기 때문에, 내 마음에 자리를 하고 있는 것이, 하나님을 사랑하는 마음이 아니고 세상을 향하는 마음이면, 그것은 눈이 나빠서 온몸이 어두운 상태인, 맹인이 된 것이다. 외식하는 것은 하나님의 눈앞에 사는 것이 아니고, 세상의 눈을 의식하고 사는 것이며, 하나님을 두려워하는 것보다 세상을 두려워하는 것이니, 마음의 보물이 하나님께 있지 않고 세상을 향해 있다면, 그것은 눈이 나빠서 온몸이 어두운 상태가 되는 것이기 때문에, 결국 맹인이 된 것이 맞다.

마태복음 15장 7-9절에서 "외식하는 자들아 이사야가 너희에 관하여 잘 예언하였도다 일렀으되, 이 백성이 입술로는 나를 공경하되 **마음은 내게서 멀도다** 사람의 계명으로 교훈을 삼아 가르치니 나를 헛되이 경배하는도다 하였느니라 하시고"라고 말씀을 하시면서 이들을 맹인이 되어 맹인을 인도하는 자라고 하신다. 보물이 있는 곳에 마음이 있는데, 그들의 마음이 빛이신 하나님과 함께 있지 않기에, 그들의 눈은 어두움 가운데 있는 것이 되고, 그렇기 때문에 보려고 해도 어두움으로 인해서 보이지 않는 맹인이 된 것이다.

세상을 두려워하지 않고 하나님만을 두려워하는 삶을 살지 않는 한, 우리는 외식하는 죄에서 벗어날 수가 없고, 외식하면 빛에 거하는 것이 아니라 어두움에 거하게 되기 때문에 결국 맹인이 되어서 아무리 보아도 보이지가 않고, 깨달으려고 해도 깨달아지지 않게 된다.

마태복음 23장 전체는 외식하는 바리새인들과 사두개인들을 향하여서 하신 말씀들인데, 23장 마지막 부분에 외식하는 죄가 얼마나 무서운지 깨달아지는 말씀이 있었다.

마태복음 23:37
예루살렘아 예루살렘아 선지자들을 죽이고 네게 파송된 자들을 돌로 치는 자여 암탉이 그 새끼를 날개 아래에 모음 같이 내가 네

자녀를 모으려 한 일이 몇 번이더냐 그러나 **너희가 원하지 아니**
하였도다

아무리 하나님께서 은혜를 주시려고 하고, 감싸 안아 주려고 하셔
도, 맹인이 되어서 눈이 어두워져서 깨달음이 없고 분별이 되지 않다
보니까, 오히려 은혜를 거부하며 원하지 않는다고 하게 되는 상황이
되어 버리는 것이다. 아무리 우리 죄를 담당해 주시고 용서해 주시려
고 해도, 우리가 원하지 않는다고 할 정도로 눈이 어두워져서 결국은
용서받지 못하게 되는 죄가 외식하는 죄이구나 하는 생각을 했다. 정
말 두려운 일이다.

하나님의 눈앞에서 살지 못하고, 세상 사람들의 눈을 의식하며 살았
는데….
사람에게 인정받는 것, 사람에게 높임 받는 것을 바라며 살았는
데….
나의 두려움의 대상이 영원한 형벌을 주실 하나님이 아니고 세상이
었는데….
나의 삶은 겉과 속이 다른 삶이었는데….

주님께서 그렇게도 경고하시는 외식의 죄를 지으면서 살고 있었는
데, 바로 그 외식의 죄로 인해서 맹인이 되다 보니까, 다른 사람이 아

닌 바로 내가 가슴을 치며 회개하고 하나님께로 돌아가야 하는 죄인인데, 그 사실이 눈이 멀게 됨으로 인해서 못 깨닫고 있었던 것이었다. 내가 맹인이었고, 내가 외식하는 자였다.

그런 눈먼 자들을 향해서 아직도 외치시는 위로가 되는 말씀이 있었다. 요한계시록에 라오디게아 교회에게 하신 말씀이다.

요한계시록 3:15-19
내가 네 행위를 아노니 네가 차지도 아니하고 뜨겁지도 아니하도다 네가 차든지 뜨겁든지 하기를 원하노라 네가 이같이 미지근하여 뜨겁지도 아니하고 차지도 아니하니 내 입에서 너를 토하여 버리리라 네가 말하기를 나는 부자라 부요하여 부족한 것이 없다 하나 네 곤고한 것과 가련한 것과 가난한 것과 **눈 먼 것**과 벌거벗은 것을 알지 못하는도다 내가 너를 권하노니 내게서 불로 연단한 금을 사서 부요하게 하고 흰 옷을 사서 입어 벌거벗은 수치를 보이지 않게 하고 안약을 사서 눈에 발라 보게 하라 무릇 내가 사랑하는 자를 책망하여 징계하노니 그러므로 **네가 열심을 내라 회개하라**

라오디게아 교회의 모습이 지금의 우리 모습과 참 많이 닮았다는 생각이 든다. 그런 그들의 모습을 눈먼 자들이고 벌거벗은 자들이라고 표현을 하신다. 이들의 "부족한 것이 없다"라고 생각하는 마음이, 하나님을 경외하며 살지 않는 외식하는 삶으로 인해 어두움 가운데 있으면서 보아도 보지 못하는 진정 맹인들이라는 것을 설명해 준다. 그런데, 그럼에도 불구하고 사랑하셔서 깨닫게 하시기 위해서 외치신 하나님의 말씀은, "네가 열심을 내라 회개하라"였다.

맹인 된 우리에게도 지금 "네가 열심을 내라 회개하라"라고 하시면서, 아직도 기회를 주시고, 아직도 용서해 주시기 바라시며, 우리가 통회하는 마음으로 돌아가서 하나님만을 경외하는 삶을 살 것을 바라시는 하나님의 외치심이다.

그런데 우리가 그렇게 하지 않는다면, "그러나 너희가 원하지 아니하였도다"라고 하신 말씀처럼, 용서해 주시기 원해도 우리의 맹인 됨으로 인해서 오히려 은혜를 거부하는 것이기에, 결국은 은혜를 거부해서 용서받지 못하는 죄, 외식의 죄로 넘어지는 자들이 될 수밖에 없음을 경고하신다.

9

마음이 부자가 된 죄

　앞 장의 내용들을 통해서 우리는 적그리스도에 대한 성경적인 개념을 세우며 계속 이어져 온 예수 그리스도를 대적하는 세력에 대해서 분별을 하는 내용들을 나누었다. 또한 예수 그리스도를 대적하는 세력이 곧 외식하는 자들의 세력이며, 그들은 외식을 통해서 사람들을 자기의 영향력 안으로 이끈다는 것에 대해서도 이야기하였다.

　그리고 우리는 외식에 대해서 알아보았다. 외식은, 하나님의 눈앞에서 사는 것이 아니라 사람의 눈을 의식하며 사는 것이고, 하나님께 인정받기를 원하는 것이 아니라 사람에게 인정을 받으려고 하는 것이며, 하나님을 두려워하고 사는 것이 아니라 세상을 두려워하며 사는 것임을 알게 되었다. 또한 외식을 하게 되면, 내면적인 진정으로 중요한 것은 다 놓치고, 외면적인 것만을 중요시하는 자가 되어서, 겉은 깨끗해 보여도 속은 더러운, 겉과 속이 다른 자가 된다. 결국 빛을 놓치게 되고 어두움에 거하게 되면서 맹인이 된다. 그래서, 하나님께서 은혜를 아무리 부어 주시려고 해도 은혜를 거부해서 용서를 받지 못하게 되어 결국 멸망하게 되는 자가 된다는 것도 이야기하였다.

외식에 대해서 알아보기 원하였던 것은, 예수님께서 적그리스도의 세력, 예수님을 대적하는 세력을 외식하는 자들이라고 표현을 하셨고, 그들의 모든 죄를 외식이라는 죄로 설명을 하셨기 때문에, 어두운 세력에 대해서 알기 위해서 외식을 알아보기 원하였던 것이었다.

그런데 외식에 대해서 알면 알수록, 외식의 죄는 그냥 우리의 본연의 모습 자체의 죄이기에 다른 누군가를 향해서 손가락질을 할 수 없다는 것을 느낀다.

적그리스도의 세력을 지적하기 위해서 외식을 알아보기를 원했는데, 매순간 외식하는 죄에 빠져서 사는 우리의 모습을 보면서, 우리가 얼마나 죄인일 수밖에 없는지가 느껴진다.

나쁜 마음을 먹고 다른 사람들을 해하려고 계획을 하는 모양의 죄가 아니다. 마음으로부터 자연적으로 원하고 바라는, 사람들로부터 높임받기 원하고 인정받기 원하는 마음, 인간이면 누구나 가지고 있는 자연스러운 마음이다. 그런데 그런 마음이 속과 겉이 다른 마음을 만들고, 그런 마음이 하나님을 두려워하지 않고 사람의 영광만 얻으려고 하는 마음을 만들고, 그런 마음이 높은 바벨탑을 쌓게 하는 마음을 만든다. 그래서 우리는 죄인이다. 그래서 우리 안에서 나오는 모든 것은 악이다.

궁금한 것이 있다. 결국은 모두가 다 외식하는 자들이고, 우러러 보이는 자리에 앉게 되면 결국은 다 그렇게 될 수 있는 것인데, 예수님은 그때 당시 종교 지도자들만을 향해서 "외식하는 바리새인과 사두개인들이여!" 하시면서 "독사의 자식들아"라고 선포하였다. 또한 사람들이 예수님을 "세리와 죄인의 친구"(마태복음 11:19)라고 이야기할 정도로, 종교 지도자들 외에 다른 사람들을 대할 때는 아주 다른 모습으로 낮은 자, 가난한 자, 그리고 죄인들의 친구가 되어 주셨다.

높은 자리에 올라가게 되면 지금 가난한 자, 지금 낮은 자들도 결국 외식하는 바리새인과 사두개인들과 다르지 않을 텐데…. 그렇다면, 외식할 수 있는 높은 자리에 앉게 되어서 예수님께 독사의 자식들이라는 말을 듣고, 결국은 심판을 받게 될 그들이 오히려 손해가 아닌가 하는 생각이 들기도 한다.

말씀에 비추어 보면, 그들에게 손해인 것이 맞다. 예수님께서 "가난한 자는 복이있나니"라고 하셨으니 가난한 것이 더 복된 것이고, 높은 자들, 부자인자들이 더 손해인 것이 맞다.

누가복음 6:20

예수께서 눈을 들어 제자들을 보시고 이르시되 **너희 가난한 자는 복이 있나니** 하나님의 나라가 너희 것임이요

마태복음 11:5

맹인이 보며 못 걷는 사람이 걸으며 나병환자가 깨끗함을 받으며 못 듣는 자가 들으며 죽은 자가 살아나며 **가난한 자에게 복음이 전파된다** 하라

시편 138:6

여호와께서는 높이 계셔도 **낮은 자를 굽어살피시며** 멀리서도 교만한 자를 아심이니이다

야고보서 2:5

내 사랑하는 형제들아 들을지어다 하나님이 **세상에서 가난한 자를 택하사 믿음에 부요하게 하시고** 또 자기를 사랑하는 자들에게 약속하신 나라를 상속으로 받게 하지 아니하셨느냐

누가복음 4:18

주의 성령이 내게 임하셨으니 이는 **가난한 자에게 복음을 전하게 하시려고** 내게 기름을 부으시고 나를 보내사 포로 된 자에게 자

유를, 눈 먼 자에게 다시 보게 함을 전파하며 눌린 자를 자유롭게
하고

마태복음 19:24

다시 너희에게 말하노니 **낙타가 바늘귀로 들어가는 것이 부자가
하나님의 나라에 들어가는 것보다 쉬우니라** 하시니

높은 자리에 앉게 되고, 부자이고, 사람들의 우러러봄을 받는 것이
더 손해인 것이며, 복이 아니고 오히려 불행한 것이라고 하면, 하나님
이 공의롭지 않은 것은 아닌가 하는 생각을 할 수 있다. 그런데 하나님
의 계산이 정확하다는 것을 말씀이 설명을 해 주신다.

마태복음 6:2

그러므로 구제할 때에 외식하는 자가 사람에게서 영광을 받으려
고 회당과 거리에서 하는 것 같이 너희 앞에 나팔을 불지 말라 **진
실로 너희에게 이르노니 그들은 자기 상을 이미 받았느니라**

마태복음 6:16

금식할 때에 너희는 외식하는 자들과 같이 슬픈 기색을 보이지
말라 그들은 금식하는 것을 사람에게 보이려고 얼굴을 흉하게 하
느니라 내가 **진실로 너희에게 이르노니 그들은 자기 상을 이미**

받았느니라

마태복음 6:5

또 너희는 기도할 때에 외식하는 자와 같이 하지 말라 그들은 사람에게 보이려고 회당과 큰 거리 어귀에 서서 기도하기를 좋아하느니라 내가 **진실로 너희에게 이르노니 그들은 자기 상을 이미받았느니라**

세상에서 받아서 누린 것과 맞추어서 비교하여 계산을 하면 결국은 하나님의 계산은 공의롭다고 하지 않을 수가 없다.

성경을 통한 바른 계산을 하고 보았을 때, 우리가 생각하는 "복"의 개념도 참 많이 달라진다. 너무나도 빨리 지나가는 잠깐의 이 세상만을 바라보는 근시안적인 관점의 복의 개념에 우리는 익숙해져 있는데, 확실히 하나님의 복의 개념은, 이 세상과 영원한 세상을 다 아우르는 높은 차원이라는 생각이 든다.

그렇다면 우리는 복을 받기 위해서, 이 세상에서 모두 다 가난한 자가 되어야 하고 낮은 자가 되어야 한다는 건지 의문을 갖게 된다.

앞에서 하나님께서는 표면적이고 외면적인 것을 통해서 결국 내면적이고 영적인 것을 얻게 하신다고 하였다. 마태복음 23장 24절에서, 예수님께서 형식에만 치우쳐서 참영적 진리들을 놓치고 있는 바리새인들을 향해서 "맹인 된 인도자여 하루살이는 걸러 내고 낙타는 삼키는도다"라고 말씀을 하시면서 외형적인 것을 '하루살이'로 표현을 하셨고, 내면적이고 영적인 것을 '낙타'로 표현을 하셨다. 그러니까 세상적으로 가난하여서 받는 복은 하루살이만 한, 심령이 가난하여서 받는 복은 낙타만 한 복이다.

그래서, "가난한 자에게 복음이 전파된다"(마태복음 11:5)라고 하셨고, 심령이 가난한 자에게는 "천국이 그들의 것임이요"(마태복음 5:3)라고 말씀을 하셨다. 가난한 자에게는 복음이 전파만 되었지 천국을 소유하게 된 것은 아니었다. 그런데, 심령이 가난한 자는 천국을 소유한 자들이라고 선포를 해 주셨다.

가난한 환경이 하나님 앞에서 나의 심령을 가난하게 하고 나를 의지하지 않고 하나님만을 의지하도록 한다면, 그것은 하루살이만 한 축복이 결국 나에게 낙타만 한 축복이 된 것이다.

반대로, 내가 높임을 받고 우러러봄을 받는 자리에 있을 때에, 사람에게 인정받는 것을 마음으로부터 누리면서 마음이 높아지고 외식을 하는 마음이 되면 그것은 하루살이만 한 불행을 통해서 낙타만 한 저주를 받게 되는 것이다.

결국 우리에게 바라시는 것은 높아진 마음이 아닌, 낮아지고 가난하여서 하나님만 의지하고, 하나님 앞에 통회하며 엎드려지는 마음을 원하시는 것이다.

외식하는 세력, 예수님을 대적하는 세력, 적그리스도의 세력에 대해서 파악을 하기 위해서 외식에 대해서 알아봤다. 외식하는 죄는 "그들"의 죄가 아니고 "우리"의 죄이며, 외식하는 죄는 마음이 높아지고 부유해진 죄임을 깨달았다.

그리고 우리가 생각하는 복의 개념이 아니라 말씀에서 선포하시는 복의 개념이 얼마나 더 확실하고 정확한지를 알게 되었다.

이제는 우리의 잘못된 복의 개념으로 인해서 참축복을 놓치고 결국 형벌받을 삶을 살고 있지는 않는지 돌아보는 것이 필요하다.

더 높은 자리로 올라가게 된 것을 기뻐했다.
더 많은 돈을 벌게 된 것을 기뻐했다.
더 많은 이익을 보게 된 것을 기뻐했다.
더 많은 것을 누리게 된 것을 기뻐했다.

더 많은 사람들이 나를 따르고, 나의 영향력이 커지는 것으로 기뻐했다.

이 모든 것이 하나님의 축복이라며 기뻐했다.

기뻐하고 누리면서, 누리는 축복만큼 내 마음도 높아져 버렸다.

애통하며 하나님께 나아가서 하나님만 의지하지 않으면 살 수 없는 애절한 마음이 없다.

누가복음 6:25

화 있을진저 너희 지금 배부른 자여 너희는 주리리로다 화 있을
진저 너희 지금 웃는 자여 너희가 애통하며 울리로다

지금 회개하고, 지금 하나님께로 온 마음 다해서 돌아서지 않는다면, 우리의 외식하는 죄로 인해서, 우리를 위해서 계속해서 회개하라고 하시는 주님의 말씀이 들어도 들리지 않고 보아도 보이지 않게 될 것이다.

지금이, 가난한 마음을 갖는 것이 최고의 축복임을 알려 주시는 주님께 통회하는 마음으로 돌아갈 때이다.

10

외식한 자가 받는 벌

지난 장을 통해서는 외식은 곧 마음이 부자가 된 죄라는 것에 대해서 나누었다. 마음이 가난한 것이 가장 큰 축복이고, 마음이 가난할 때 천국을 소유할 수 있기 때문에, 마음이 높아지고 부유해진다는 것은 결국 영원한 생명을 얻지 못하게 된다는 것이다. 그래서 예수님께서는 높은 자리에 있음으로 인해서 마음이 높아질 수 있는 것을 계속해서 경고하셨다.

마태복음 23:6-8

잔치의 윗자리와 회당의 높은 자리와 시장에서 문안 받는 것과 사람에게 랍비라 칭함을 받는 것을 좋아하느니라 그러나 너희는 **랍비라 칭함을 받지 말라** 너희 선생은 하나요 너희는 다 형제니라

누가복음 14:7-11

청함을 받은 사람들이 높은 자리 택함을 보시고 그들에게 비유로

말씀하여 이르시되, 네가 누구에게나 혼인 잔치에 청함을 받았을 때에 **높은 자리에 앉지 말라** 그렇지 않으면 너보다 더 높은 사람이 청함을 받은 경우에 너와 그를 청한 자가 와서 너더러 이 사람에게 자리를 내주라 하리니 그 때에 네가 부끄러워 끝자리로 가게 되리라 청함을 받았을 때에 차라리 가서 끝자리에 앉으라 그러면 너를 청한 자가 와서 너더러 벗이여 올라 앉으라 하리니 그 때에야 함께 앉은 모든 사람 앞에서 영광이 있으리라 **무릇 자기를 높이는 자는 낮아지고 자기를 낮추는 자는 높아지리라**

그런데, 예수님께서는 외식하는 무리에 대해서 "화 있을진저" 하시면서 지적을 하실 때, 바리새인, 서기관 사두개인 중에서 마음이 교만한 사람들만을 향하여서 하신 말씀이 아니었고, 모든 종교 지도자들을 향하여서 하신 말씀이었다. 어느 그룹이나 단체든 나쁜 사람도 있고 좋은 사람도 있고, 믿음이 있는 사람도 있고 없는 사람도 있는 것이지, 다 똑같이 같은 죄 가운데 빠져 있다고 생각하기는 쉽지 않다. 그런데, 예수님께서는 종교 지도자들의 모든 무리들을 향해서 외식하는 자들이라고 선포를 하셨다. 그런 예수님의 말씀을 통해서 우리가 깨달을 수 있는 것은, 그렇게 높은 자리로 사람들을 올려놓았을 때에 마음도 같이 높아지지 않는다는 것이 그렇게도 힘든 일이구나 하는 것이었다. 아예 무리가 다 같은 마음으로 같은 모양의 죄를 짓게 될 만큼, 높은 자리에 있게 되는 것은 높은 마음을 누구나 갖게 해서 넘어지게 하는 강한 유혹이구나 하는 생각이 들었다.

그러면서, 현재의 기독교 지도자들에 대해서 생각을 해 보게 되었다. 사람들을 이끌 수 있는 영향력만큼 주어지는 사람들의 인정과 존경, 영향력의 크기만큼 누리는 사람들의 높임과 찬사. 그래서, 가장 많은 사람들에게 영향력을 끼칠 수 있었던 빌리 그래함 목사를 향한 높임과 찬사는 그 어느 다른 목사를 향한 것보다 컸다. 그렇게 높은 자리로 사람들을 올려놓았을 때에 사람의 마음이 같이 높아지지 않을 수가 없어서, 예수님께서는 종교 지도자들을 아예 다 외식하는 자들의 무리로 정의를 하셨는데, 지금의 종교 지도자들을 우리가 그렇게 높은 자리로 올려놓고 있지만, 외식하는 죄로 인해서 멸망할 위험에 대해서는 생각조차 해 보지를 않는다.

많은 영향력을 끼치는 지도자들만의 이야기가 아니라, 우리 안에서의 외식의 유혹은 예수님께서 "바리새인의 누룩"이라고 표현하였듯이 누룩처럼 퍼졌다. 예수님을 믿기 시작했을 때 가슴을 치고 눈물로 회개하고 가난한 마음으로 주님을 순종하는 삶을 결단했던 사람들이, 시간이 지나면서 성경에 대한 지식이 늘고, 다른 사람들을 돌보고 가르치는 자들이 되면서, 그토록 가난했던 마음은 없고, 영향력을 끼치는 만큼 마음이 높아져 버렸다.

한 영혼이라도 주님의 복음을 듣고 주님을 따르는 자들이 되기를 소원하는 마음으로 가난한 마음으로 섬기며 목양하던 목사가, 교회의 교인이 많이 늘고 나니까, 한 영혼 한 영혼을 귀한 마음으로 바라보던 그런 마음이 이제는 여유로워지고 넉넉해지면서 간절한 마음도 없어져 버렸다.

정말로 큰 문제는, 예수님께서 그토록 주의하라고 하신 바리새인의 누룩이 기독교 전체에 퍼져 버렸는데, 우리는 시간이 지나게 되면 마음이 높아지는 것은 당연한 것처럼 인식을 하는 상황까지 되어 버렸다는 것이다.

예수님께서 왜 그렇게 외식하는 것을 주의하라고 하셨는지를 알게 되면, 더 이상 그런 안일한 마음을 가질 수가 없을 것이다.

마태복음 24:1-3
예수께서 성전에서 나와서 가실 때에 제자들이 성전 건물들을 가리켜 보이려고 나아오니, 대답하여 이르시되 너희가 이 모든 것을 보지 못하느냐 내가 진실로 너희에게 이르노니 돌 하나도 돌 위에 남지 않고 다 무너뜨려지리라 예수께서 감람 산 위에 앉으셨을 때에 제자들이 조용히 와서 이르되 우리에게 이르소서 어느 때에 이런 일이 있겠사오며 또 주의 임하심과 세상 끝에는 무슨

징조가 있사오리이까

마태복음 24장은 성전 건물이 무너지는 일이 언제 있을 것이며, 또 주님의 임하심과 세상 끝에는 무슨 징조가 있는지 묻는 제자들의 질문에 대한 예수님의 대답으로 이루어져 있다. 마태복음 24장은 마지막 때의 일들과 예수님이 재림하셔서 있을 일들을 설명해 주신 글이다. 아래의 내용이 마태복음 24장의 마지막 부분이다.

마태복음 24:44-51

이러므로 너희도 준비하고 있으라 생각하지 않은 때에 인자가 오리라 충성되고 지혜 있는 종이 되어 주인에게 그 집 사람들을 맡아 때를 따라 양식을 나눠 줄 자가 누구냐 주인이 올 때에 그 종이 이렇게 하는 것을 보면 그 종이 복이 있으리로다 내가 진실로 너희에게 이르노니 주인이 그의 모든 소유를 그에게 맡기리라 만일 그 악한 종이 마음에 생각하기를 주인이 더디 오리라 하여 동료들을 때리며 술친구들과 더불어 먹고 마시게 되면 생각하지 않은 날 알지 못하는 시각에 그 종의 주인이 이르러 엄히 때리고 **외식하는 자가 받는 벌**에 처하리니 거기서 슬피 울며 이를 갈리라

예수님께서 재림하셔서 불법을 행하는 자들을 심판하게 되는데, 그때에 형벌을 받을 자들의 죄명이 "외식하는 자가 받는 벌"이라고 하신다.

그것은 적그리스도가 받을 벌이고, 그것은 하나님의 원수들이 받을 벌이며, 그것은 하나님의 보복의 대상이 받을 벌인데, 그 죄명이 "외식하는 자가 받는 벌"이라고 하신다.

우리 마음 가운데에, 외식하는 마음이 있는 것에 대해서 누구나 그런 마음이 있지 않는가라고 생각을 하면서 큰 문제를 삼지 않았던 우리를 경각시키는 말씀이다.

예수님께서 바리새인들과 사두개인들을 향해서, "독사의 자식들아", "뱀들아" 하시면서 저주하셨기 때문에, 내가 그들과 같이 벌을 받게 될 수 있다는 생각은 절대로 들지가 않는다. 내가 세상을 두려워하면서 살고, 세상에서 높임을 받고 인정을 받는 것을 누리면서 살고는 있지만, 그렇다고 내가 "독사의 자식들아", "뱀들아"라는 저주의 말을 들은 그들과 조금이라도 연결이 될 수 있다는 생각은 절대로 할 수가 없다.

그런데 우리가 얼마나 잘못 생각을 하고 있는지를 일깨워 주는 말씀이 있다.

마가복음 8:33절
예수께서 돌이키사 제자들을 보시며 베드로를 꾸짖어 이르시되 사탄아 내 뒤로 물러가라 네가 **하나님의 일을 생각하지 아니하고**

도리어 사람의 일을 생각하는도다 하시고

하나님의 일을 생각하지 않고 사람의 일을 생각한다고 하시면서 베드로에게 예수님께서 "사탄아, 내 뒤로 물러가라"라고 말씀을 하시는 내용이다.

우리가 여러모로 아주 많이 잘못 생각을 하고 있다는 것을 깨달아야 한다. 회개함으로 눈을 뜨고 문제를 제대로 보고 하나님께로 돌아가는 것이 지금 해야 할 일이다.

11

제1차 바티칸 공의회

앞의 내용들을 통해서 우리는 외식하는 자들의 세력이 예수님께서 다시 오셔서 심판하시기 전까지 예수님과 그의 사랑하는 자녀들을 대적하는 세력이고, 그 외식하며 예수님을 대적하는 세력은 곧 적그리스도의 세력이라는 이야기를 하였다.

그리고 외식하는 자들의 세력이 사람들을 자신들의 세력 안으로 넣는 도구가 외식이라는 이야기도 나누었다. 우리가 외식을 할 때, 외식하는 자들의 세력 안으로 속하게 된다. 그래서 하나님께서는 그렇게 "거기"서 나오라고 하셨고, 그렇게 하기 위해서 우리는 외식에 대해서 자세히 알아보았다.

이번 장에서는, 현재 외식하는 자들의 세력의 가장 중심을 이루고 있고, 성경말씀과 믿음의 조상들의 글들을 통해서 경고하신, 로마에 대해서 좀 더 자세히 살펴보려고 한다. 그들이 선포하는 내용들을 말씀을 통해서 비추어 보고, 말씀 안에서 확신을 갖고 분별을 하여서, 그들의 영향력에서 나오는 것이 얼마나 필요한지를 객관적으로 분석을 하고 결단을 할 수 있는 기회를 만들어 보기 원한다.

제일 먼저 예수님께서 복음서 가운데에서 계속해서 말씀하신 외식하는 바리새인들과 사두개인들과, 현재 외식자는 자들의 세력인 로마 교회의 모습들을 비교해 보면서, 그들의 특성을 정확히 파악해 보자. 예수님께서 외식하는 자들을 향해서 경고하셨던 말씀들 관련하여서, 현재 외식하는 자들의 중심 세력을 그 말씀에 비추어 볼 때 어떠한 모습인지를 분석해 보는 것이 중요할 것이라는 생각을 했다. 예수님께서 경고하신 말씀에 비추어서 지금의 모습과 어떤 연관성이 있는지를 볼 때, 정말 예수님을 대적하는 모습인지 아닌지를 정확히 확인할 수 있기 때문이다.

그러기 위해서 성경말씀과 현재 상황을 대조해 볼 수 있는 공식적인 자료가 필요했다. 그러면서 읽게 된 자료들이 제1차와 제2차 바티칸 공의회에서 공포한 교리 헌장들이다. 교황령이 정권을 빼앗기게 되는 1870년을 전후로 하여서 로마 카톨릭은 세계와의 관계를 이어 가는 부분에 있어서 아주 판이하게 다른 모양을 취하기 시작한다. 전에는 모든 사람들을 로마 교회의 교인이 되려는 노력으로 강압적인 포섭을 하는 모양이었다면, 교황령이 정권을 빼앗기게 되는 때를 중심으로 해서는, 모든 종교와 평화롭게 하나되는 모양의 노력을 한다. 그러한 노력의 표현이 제1차와 제2차 바티칸 공의회를 통해서 나타난다. (8) 제1차 바티칸 공의회는 1869년부터 1870년까지였고, 제2차 바티칸 공의회는 1962년부터 1965년까지였으며, 제2차 바티칸 공의회가 역사상 가장 최근에 이루어진 공의회였다. (9) 이 공의회들을 통해서 결정이 되고 승인이 된 공식적인 내용들을 선포한 1차와 2차 교리 헌장들을 살펴보면서, 말씀에 그들의 교리를 비추어 보는 분별의 시간을 갖도록 하겠다.

먼저 제1차 바티칸 공의회의 교리 헌장을 보면서, 내용이 전체적으로 성경말씀과는 대립이 되는 내용이어서, 모든 내용들을 같이 검토해 보기를 원했다. 내용이 긴 관계로, 모든 내용을 다 번역하여 삽입할 수 없었지만, 문서가 4장으로 되어 있는데, 각 장마다 주장하는 내용들을 최대한 포함하도록 하였다.

Chapter 1: On the institution of the apostolic primacy in blessed Peter(10)

제1장: 복되신 베드로의 사도적 권위의 제정에 관하여

1. We teach and declare that, according to the gospel evidence, a primacy of jurisdiction over the whole church of God was immediately and directly promised to the blessed apostle Peter and conferred on him by Christ the lord.

1. 우리는 복음의 증거하심에 따라, 모든 하나님의 교회를 향한 관할 권한이,

복된 사도 베드로에게 주 그리스도로부터 즉각적이고 직접적으로 약속 되었고, 그에게 부여되었다는 것을 가르치고 선언합니다.

2. It was to Simon alone, to whom he had already said, You shall be called Cephas, that the Lord, after his confession, You are the Christ, the son of the living God, spoke these words: Blessed are you, Simon Bar-Jona. For flesh and blood has not revealed this to you, but my Father who is in heaven. And I tell you, you are Peter, and on this rock I will build my church, and the gates of the underworld shall not prevail against it. I will give you the keys of the kingdom of heaven, and whatever you bind on earth shall be bound in heaven, and whatever you loose on earth shall be loosed in heaven.

2. 그것은, 시몬에게만, "당신은 그리스도 이시고 살아 계신 하나님의 아들 이시니이다"를 고백한 후에 "너를 게바라 하리라"라고 하셨다는 것이다. "바요나 시몬아 네가 복이 있도다 이를 네게 알게 한 이는 혈육이 아니요 하늘에 계신 내 아버지시니라 또 내가 네게 이르노니 너는 베드로라 내 가 이 반석 위에 내 교회를 세우리니 음부의 권세가 이기지 못하리라 내 가 천국 열쇠를 네게 주리니 네가 땅에서 무엇이든지 매면 하늘에서도 매일 것이요 네가 땅에서 무엇이든지 풀면 하늘에서도 풀리리라"

Chapter 2. On the permanence of the primacy of blessed Peter in the Roman pontiffs

제2장: 로마 교황에게 영속되는 복된 베드로의 권한

1. That which our lord Jesus Christ, the prince of shepherds and great shepherd of the sheep, established in the blessed apostle Peter, for the continual salvation and permanent benefit of the church, must of necessity remain forever, by Christ's authority, in the church which, founded as it is upon a rock, will stand firm until the end of time.

1. 목자들의 왕이시며 양들의 위대한 목자이신 우리 주 예수 그리스도께서, 복된 사도 베드로에게 세우신 것은, 교회의 지속되는 구원과 영원한 유익을 위하여서, 영원히 남아 있어야 할 필요성에 의해서, 그리스도의 권한으로, 반석 위에 세운 교회 안에서 세상 끝날까지 견고히 설 것입니다.

2. For no one can be in doubt, indeed it was known in every age that the holy and most blessed Peter, prince, and head of the apostles, the pillar of faith and the foundation of the catholic church received the keys of the kingdom from our lord Jesus Christ, the saviour and redeemer of the human race, and that to this day and forever he lives and presides and exercises judgment in his successors the bishops of the holy Roman see, which he founded and consecrated with his blood.

2. 왕이며 모든 사도의 머리이시고, 믿음의 기둥이자 카톨릭 교회의 기초가 되시는 가장 거룩하고 복된 베드로가, 인류의 구원자와 구속자가 되시며 오늘날까지도 또한 영원히 살아 계셔서 그의 후계자들과 교황청의 주교들을 그의 피로 세우시고 축복하신 우리 주 예수 그리스도로부터 왕국의 열쇠를 받았다는 사실은 그 누구도 의심을 할 수 없으며 진정 모든 세대에 알려졌습니다.

Chapter 3. On the power and character of the primacy of the Roman pontiff

제3장: 로마 교황 권한의 능력과 성격에 관하여

1. And so, supported by the clear witness of holy scripture, and adhering to the manifest and explicit decrees both of our predecessors the Roman pontiffs and of general councils, we promulgate anew the definition of the ecumenical council of Florence, which must be believed by all faithful Christians, namely that the apostolic see and the Roman pontiff hold a world-wide primacy, and that the Roman pontiff is the successor of blessed Peter, the prince of the apostles, true vicar of Christ, head of the whole church and father and teacher of all christian people. To him, in blessed Peter, full power has been given by our lord Jesus Christ to tend, rule and govern the universal church. All this is to be found in the acts of the ecumenical councils and the sacred canons.

1. 그래서, 성경말씀에 확실한 증거로 뒷받침되고, 또 전임 로마 교황들과 일반 공의회원들의 확실하고 정확한 법령 준수함에 따라서, 우리는 Florence 에큐메니컬 공의회의 정의를 새롭게 공포하며, 이것은 모든 신실한 기독교인들이 분명히 믿어야 하는 것입니다. 즉, 사도직의 보좌와 로마 교황이 전 세계 수위권한을 가지고 있으며, 로마 교황은 복된 베드로의 후계자이며, 사도들의 왕이며, 참그리스도의 대리자이며, 모든 교회의 머리이며, 모든 그리스도인들의 아버지이며 선생이라는 것입니다. 그에게는, 복된 그리스도 안에서, 전 세계 교회를 돌보고 통치하고 다스리는 완전한 권한이 우리 주 예수 그리스도로부터 부여되었습니다.

2. Wherefore we teach and declare that, by divine ordinance, the Roman church possesses a pre-eminence of ordinary power over every other church, and that this jurisdictional power of the Roman pontiff is both episcopal and immediate. Both clergy and faithful, of whatever rite and dignity, both singly and collectively, are bound to submit to this power by the duty of hierarchical subordination and true obedience, and this not only in matters concerning faith and morals, but also in those which regard the discipline and government of the church throughout the world.

2. 그러므로 우리는 신령한 규례에 따라, 로마 교회가 다른 어떤 교회보다 우월한 권력을 가지고 있으며, 또 이 로마 교황의 주권은 주교 적이며 즉각적임을 가르치고 선포하는 바입니다. 어떠한 예식이나 존엄에서, 단독으로 든 공동으로 든 언제든지, 성직자나 신자들 모두, 위계적 종속과 참된 복종의 의무로 인해서 이 권력에게 반드시 순종하여야 하며, 이것은 신앙과 도덕에 관한 문제에서만이 아니라, 전 세계의 교회를 훈계하고 다

스리는 문제에서도 그래야 합니다.

3. In this way, by unity with the Roman pontiff in communion and in profession of the same faith, the church of Christ becomes one flock under one supreme shepherd.

3. 이와 같이 로마 교황과의 동일한 신앙 고백과 교통함 안에서 하나 되어서 그리스도의 교회는 하나의 가장 높은 목자 아래에서 한 무리가 됩니다.

Chapter 4. On the infallible teaching authority of the Roman pontiff

제4장: 로마 교황의 무오한 가르침의 권위에 대하여서

2. So the fathers of the fourth council of Constantinople, following the footsteps of their predecessors, published this solemn profession of faith:

2. 그래서 제4차 콘스탄티노플 공의회의 교부들은, 전임자들의 발자취를 따라, 이 엄숙한 신앙 고백을 발표하였습니다.

The first condition of salvation is to maintain the rule of the true faith. And since that saying of our lord Jesus Christ, You are Peter, and upon this rock I will build my church, cannot fail of its effect, the words spoken are confirmed by their consequences. For in the apostolic see the catholic religion has always been preserved unblemished, and sacred doctrine been held in honour. Since it is our earnest desire to be in no way separated from this faith and doctrine, we hope that we may deserve to remain in that one communion which the apostolic see preaches, for in it is the whole and true strength of the christian religion.

구원의 첫 번째 조건은 참믿음의 법을 지키는 것입니다. 그리고, 너는 베드로라, 내가 이 반석 위에 내 교회를 세우리니라고 하신 예수님의 말씀은 폐하여질 수가 없기 때문에 선포하신 말씀들이 결과를 통하여서 증명이 되었습니다. 그것은 사도권위와 카톨릭 종교는 언제나 흠 없이 보존이 되어 왔고 신성한 교리는 존귀하게 받들어졌기 때문입니다. 우리의 간절한 소망이 이 믿음과 이 교리에서 결코 분리되지 않기를 바라는 것이기 때문에, 우리는 사도권위로 선포가 된 하나의 교제함 안에 남아 있을 수 있는 자격이 있기를 소망하며, 그것은 그 안에 완전하고 참된 기독교의 힘이 있기 때문입니다.

What is more, with the approval of the second council of Lyons, the Greeks made the following profession:

또한 제2차 리옹 공의회의 승인을 받아 그리스 사람들은 다음과 같은 서약을 했습니다.

"The holy Roman church possesses the supreme and full primacy and principality over the whole catholic church. She truly and humbly acknowledges that she received this from the Lord himself in blessed Peter, the prince and chief of the apostles, whose successor the Roman pontiff is, together with the fullness of power. And since before all others she has the duty of defending the truth of the faith, so if any questions arise concerning the faith, it is by her judgment that they must be settled."

거룩한 로마 교회는 가장 높고 온전한 권위와 권세를 모든 카톨릭 교회에 가지고 있습니다. 그녀가 이것을 사도들의 왕과 수장이 되시는 복된 베드로 안에서, 그의 후계자 로마 교황의 권능의 충만함으로 더불어, 주님께 직접 받았음을 진정으로 겸손하게 인정을 합니다. 그리고 그녀는 다른 모든 것보다 먼저 믿음의 진리를 변호할 의무가 있으므로, 믿음에 관한 어떠한 질문이 있더라도, 그것은 그녀의 판단에 따라 해결이 되어야 합니다.

Then there is the definition of the council of Florence.

그리고 이것은 피렌체 공의회의 정의입니다.

"The Roman pontiff is the true vicar of Christ, the head of the whole church and the father and teacher of all Christians; and to him was committed in blessed Peter, by our lord Jesus Christ, the full power of tending, ruling and governing the whole church."

"로마 교황은 그리스도의 참대리자이시며 온 교회의 머리이시며 모든 그리스도인의 아버지요 교사이시며, 복되신 베드로 안에서 우리 주 예수 그리스도에 의해 모든 교회를 돌보고 다스리고 통치하는 온전한 권력을 부여받으신 분이시다."

6. For the holy Spirit was promised to the successors of Peter not so that they might, by his revelation, make known some new doctrine, but that, by his assistance, they might religiously guard and faithfully expound the revelation or deposit of faith transmitted by the apostles. Indeed, their apostolic teaching was embraced by all the venerable fathers and reverenced and followed by all the holy orthodox doctors, for they knew very well that this see of St. Peter always remains unblemished by any error, in accordance with the divine promise of our Lord and Saviour to the prince of his disciples: I have prayed for you that your faith may not fail; and when you have turned again, strengthen your brethren.

6. 성령을 베드로의 후계자들에게 약속하신 것은, 새로운 교리를 알리시려는 것이 아니고, 그의 도우심으로 그들이 계시와 사도들에 의해 전달되어 온 믿음의 증거들을 종교적으로 지키고 믿음으로 설명하기 위하여서입니다. 참으로, 그들의 사도적 가르침은 모든 존경하는 교부들에 의해 받아들여졌고 또한 모든 거룩한 정통 박사들이 존경하며 따랐습니다. 왜냐하면 그들은 성 베드로에 대한 이 견해가 우리의 주님, 구세주의 제자들에게 하신 신성한 약속에 따라 항상 어떤 오류에 의한 흠도 없다는 것을 잘 알고 있었기 때문입니다; 내가 너를 위하여 네 믿음이 떨어지지 않기를 기도하였노니 너는 돌이킨 후에 네 형제를 굳게 하라.

7. This gift of truth and never-failing faith was therefore divinely onferred on Peter and his successors in this see so that they might discharge their exalted office for the salvation of all,

and so that the whole flock of Christ might be kept away by them from the poisonous food of error and be nourished with the sustenance of heavenly doctrine. Thus the tendency to schism is removed and the whole church is preserved in unity, and, resting on its foundation, can stand firm against the gates of hell.

7. 진리와 절대로 떨어지지 않는 믿음에 대한 선물은 결과적으로 베드로와 그의 후계자들에게 모든 사람의 구원을 위한 그들의 고귀한 직분을 수행하며 살 수 있도록 신성하게 부여된 것이며, 또한 온 그리스도의 양 떼가 그들의 오류라는 독극물에서 멀리하게 하려 함이며, 천국의 교리의 양식으로 양육받게 하려 합니다. 이렇게 함으로 인해서 분열의 성향은 제거되었고, 온 교회는 하나 됨을 유지할 수 있었으며, 그리고, 그 기초에 근거하여서 지옥의 문들을 대항하여서 굳건히 설 수 있었습니다.

8. But since in this very age when the salutary effectiveness of the apostolic office is most especially needed, not a few are to be found who disparage its authority, we judge it absolutely necessary to affirm solemnly the prerogative which the onlybegotten Son of God was pleased to attach to the supreme pastoral office.

8. 그러나 사도직의 유익한 영향이 가장 절실히 요구되는 바로 이 시대에 그 권위를 폄하하는 사람들이 적지 않기 때문에 우리는 하나님의 독생자께서 가장 높은 목자직에게 기쁘게 부여하신 그 권위를 엄숙히 선언하는 것이 절대적으로 필요하다고 판단합니다.

9. Therefore,
- faithfully adhering to the tradition received from the beginning of the Christian faith,
- to the glory of God our Saviour,
- for the exaltation of the Catholic religion and
- for the salvation of the Christian people,
- with the approval of the sacred council,
- we teach and define as a divinely revealed dogma that when the Roman pontiff speaks EX CATHEDRA, that is, when,
    1. in the exercise of his office as shepherd and teacher of all Christians,
    2. in virtue of his supreme apostolic authority,
    3. he defines a doctrine concerning faith or morals to be held by the whole Church,
- he possesses, by the divine assistance promised to him in blessed Peter,
- that infallibility which the divine Redeemer willed His Church to enjoy in defining doctrine concerning faith or morals.
- Therefore, such definitions of the Roman pontiff are of themselves, and not by the consent of the church, irreformable.

So then, should anyone, which God forbid, have the temerity, to reject this definition of ours: let him be anathema.

9. 그러므로,
- 기독교 신앙이 시작할 때부터 전해 내려오는 전통을 충실히 지키면서,
- 우리의 구세주 하나님의 영광을 위해서
- 카톨릭 종교의 높이 세움을 위하여서, 그리고
- 그리스도인들의 구원을 위하여서
- 신성한 공회의 인정하심을 받아
- 우리가 신성하게 계시된 교리로 정의를 하고 가르시는 것은,
  로마 교황이 EX CATHEDRA라고 할 때에는 그것은,
    1. 모든 그리스도 인들의 목자이자 선생으로서의 직분을 수행을 함에 있어서
    2. 그의 가장 높은 사도적 권위에 힘입어서,
    3. 그가 모든 교회가 지켜야 하는 신앙이나 도덕에 관한 교리를 결정합니다.
- 그는 복된 베드로 안에서 신성한 도움의 약속을 가지고 있으며
- 무오성 그것은 신성하신 구세주가 그의 교회가 믿음과 도덕에 관하여서 결정을 할 때에 누리기를 원하셨던 것입니다.
- 그렇기 때문에, 로마 교황이 정한 그러한 정의들은 교회의 동의를 얻어야 하는 것이 아니고 그 자체가 수정될 수 없는 것입니다.

그러므로 누구를 막론하고 하나님께서 금하신 것에 대하여서 겸손하십시오.

제1차 바티칸 공의회의 교리 헌장을 읽으면서 계속해서 생각나는 말씀들이 예수님께서 외식에 관하여서 주의를 하라고 하신 말씀들이었다. 그래서, 예수님께서 하신 말씀 가운데에서 외식에 대하여서 경

고를 하신 말씀을 살펴보면서 위에 교리 헌장의 내용과 비교해 보기로 했다.

마태복음 23장은 "화 있을진저 외식하는 바리새인들과 사두개인들이여"를 계속해서 외치시면서 그들을 향해 저주를 선포하신, 그들의 외식에 대해서 경고하시는 내용으로만 전체가 쓰여져 있다. 그래서 먼저, 마태복음 23장의 앞부분, 1절부터 12절까지를 한번 살펴보았다.

마태복음 23:1-12

이에 예수께서 무리와 제자들에게 말씀하여 이르시되, 서기관들과 바리새인들이 모세의 자리에 앉았으니, 그러므로 무엇이든지 그들이 말하는 바는 행하고 지키되 그들이 하는 행위는 본받지 말라 그들은 말만 하고 행하지 아니하며, 또 무거운 짐을 묶어 사람의 어깨에 지우되 자기는 이것을 한 손가락으로도 움직이려 하지 아니하며, 그들의 모든 행위를 사람에게 보이고자 하나니 곧 그 경문 띠를 넓게 하며 옷술을 길게 하고, 잔치의 윗자리와 회당의 높은 자리와 시장에서 문안 받는 것과 사람에게 랍비라 칭함을 받는 것을 좋아하느니라 그러나 **너희는 랍비라 칭함을 받지 말라 너희 선생은 하나요 너희는 다 형제니라 땅에 있는 자를 아버지라 하지 말라 너희의 아버지는 한 분이시니 곧 하늘에 계신 이시니라 또한 지도자라 칭함을 받지 말라 너희의 지도자는 한**

분이시니 곧 그리스도시니라 너희 중에 큰 자는 너희를 섬기는 자가 되어야 하리라 누구든지 자기를 높이는 자는 낮아지고 누구든지 자기를 낮추는 자는 높아지리라

앞의 교리 헌장에서 여러 번 "로마 교황이 전 세계 수위권한을 가지고 있으며, 로마 교황은 복된 베드로의 후계자이며, 사도들의 왕이며, 참 **그리스도의 대리자**이며, 모든 교회의 머리이며, 모든 그리스도인들의 **아버지**이며 **선생**"이라고 표현을 하고 설명을 하였다. 그에게는, "복된 그리스도 안에서, 전 세계 교회를 돌보고 **통치하고 다스리는** 완전한 권한이 우리 주 예수 그리스도로부터 부여되었습니다"라는 말을 하였다.

성경말씀은 선생은 하나요, 너희는 다 형제라고 하시는데, 로마 교회는, 로마 교황을 모든 그리스도인의 선생이라고 하라고 한다.

성경말씀에서는, 아버지는 한 분이시며 땅에 있는 자를 아버지라고 하지 말라고 하시는데, 로마 교회에서는, 로마 교황을 모든 그리스도인의 아버지라고 하라고 한다.

또한 성경말씀에서는, 지도자는 한 분이시니 곧 그리스도라고 하시는데, 로마 교회는, 로마 교황을 "전 세계 교회를 돌보고 통치하고 다스리는 완전한 권한"을 가진 자라고 한다.

성경에서 설명하는 적그리스도는, 영어로 antichrist, 원어로는 ἀντίχριστος이며, ἀντί는 "opposed to, in place of", "대적하는, 대리하는"이라는 뜻이고, χριστος는 그리스도이어서, 그리스도를 대적하는 자 또는 그리스도를 대리하는 자라는 뜻인데, 위에 내용에서 설명을 하기를, 로마 교황을 "그리스도의 대리자"라고 하라고 한다.

위의 내용을 볼 때, 예수님께서 외식하는 자들을 주의하라고 하시면서 금하신 내용들을 오히려 정확하게 그대로 하라고 선포하고 가르치는 것을 볼 수 있다. 어떻게 이렇게 일부로 계획이라도 한 것처럼 하지 말라고 금하신 것들을 하나같이 하도록 명령하는지 놀라지 않을 수가 없었다.

또한 외식을 경고하신 예수님께서 계속 선포하신 말씀의 초점은, "너희 중에 큰 자는 너희를 섬기는 자가 되어야 하리라. 누구든지 자기를 높이는 자는 낮아지고 누구든지 자기를 낮추는 자는 높아지리라"라는 말씀인데, 위에 내용에서는 계속해서 "가장 높고 온전한 권위와 권세"를 가진 것이 로마 교회이고 로마 교황이라며 높이 세우고 하나님께서 그렇게 하시기를 기뻐하신다고 이야기한다.

그리고, 마태복음 15장 7-9절에서 외식하고 하나님을 헛되이 경배하게 되는 이유에 대해서 설명을 하셨다. "이르시되 이사야가 너희 외식하는 자에 대하여 잘 예언하였도다 기록하였으되 이 백성이 입술로는 나를 공경하되 마음은 내게서 멀도다 **사람의 계명으로 교훈을 삼아** 가르치니 나를 헛되이 경배하는도다 하였느니라 너희가 하나님의 계명은 버리고 **사람의 전통을 지키느니라**"

예수님께서는 사람의 전통을 지키느라고 하나님의 계명을 버리는 그들에게 외식하는 자들이라고 하셨고, 이사야의 말씀에서처럼, 마음으로는 하나님을 공경하지 않으면서 입술로만 하나님을 공경하는 자들이라고 하셨다.

그런데, 위의 내용을 보면 로마 교황의 무오성을 주장을 하면서 "기독교 신앙이 시작할 때부터 전해 내려오는 **전통**을 충실히 지키면서"라고 하였고, 교황의 무오성을 주장을 하는 것이 전통을 지키는 길임을 선포하였다. 또한 위의 교리의 모든 내용들은 **사람의 계명으로 교훈을 삼는** 내용들임을 부인할 수가 없다.

그리고 또한, 이 모든 내용들을 전면적으로 부인을 하는 성경말씀이 있다.

갈라디아서 2:11-14

"게바가 안디옥에 이르렀을 때에 책망 받을 일이 있기로 내가 그를 대면하여 책망하였노라 야고보에게서 온 어떤 이들이 이르기 전에 게바가 이방인과 함께 먹다가 그들이 오매 그가 할례자들을 두려워하여 떠나 물러가매 남은 유대인들도 그와 같이 **외식**하므로 바나바도 그들의 **외식**에 유혹되었느니라 그러므로 나는 그들이 복음의 진리를 따라 바르게 행하지 아니함을 보고 모든 자 앞에서 게바에게 이르되 네가 유대인으로서 이방인을 따르고 유대인답게 살지 아니하면서 어찌하여 억지로 이방인을 유대인답게 살게 하려느냐 하였노라"

여기에서 게바는 위의 제1장에서 언급했던 시몬 베드로에게 "너를 게바라 하리라"라고 예수님께서 선포하시고 주신 베드로의 이름이다. 그런데, 베드로가 이방인들과 식사를 하다가 할례자들이 오니까, 할례자들에게 자신이 이방인들과 식사를 하고 있는 것을 보이는 것이 두려워서 자리를 피하였고, 그러자 남은 유대인들과 바나바까지도 다 자리를 떠나게 되었다는 이야기이다. 사람이 두려워서 한 행동에 대해서 사도 바울이 그들이 외식하였다고 표현을 하였고, 그러한 그들의 외식하는 행동에 관하여서 모든 사람 앞에서 베드로를 대면하여서 책망하였다고 하는 이야기이다.

위의 말씀을 보면 참 두렵고 떨린다. 사도 베드로조차도 사람의 눈을 의식하고 사람을 두려워했을 때 외식하는 죄를 짓게 될 정도로 하나님만을 두려워하는 마음이 아닐 때 우리는 언제든지 외식하는 죄로 넘어질 수 있다는 것이다.

또 우리가 느낄 수 있는 것은, 위에 교리 헌장의 전체적인 내용이, 베드로는 하나님으로부터 오류를 범하지 않을 수 있는 특별한 보호하심을 받았기 때문에, 그의 후계자라고 자신들이 생각하는 로마 교황들도 그들의 가르침과 선포함에 오류가 있을 수 없다는 무오성을 주장을 하는 내용이다. 그런데 성경에서는 베드로가, 그것도 성령을 받기 전이 아니라, 성령을 받고 사도로 사역을 하고 있을 당시, 외식하는 죄에 대해서 바울에게 공개적으로 책망을 받았다는 말씀을 하고 있다. 얼마나 그들의 주장하는 바가 절대로 성경적일 수 없는 것을 확실히 설명을 하는 내용이다.

로마 교리 헌장 내용과 성경을 비교를 해 볼 때, 전체적으로 문제가 없는 가운데에서 오점들을 찾는 그런 경우가 아니고, 전체 내용이 예수님께서 외식하는 것에 대해서 주의하라고 경고하신 내용들에 대해 반대로 행하기를 선포하고 가르치는 내용이기 때문에, 이 교리 헌법을 읽으면서 놀라지 않을 수 없었다.

또한 그것은, 외식하는 자들의 무리에 대해서 경고를 하신 예수님의 말씀의 확실성을 드러내는 것이기도 하다.

12

제2차 바티칸 공의회

　지난 장에서는 제1차 바티칸 공의회에서 발표된 교리 법령들을 예수님께서 주의하라고 하신 외식에 관련된 성경말씀들과 비추어 보면서 내용들을 살펴보았다. 그리고 이번 장에서는 제2차 바티칸 공의회에서 공포한 법령들을 살펴보는데, 내용 가운데에서 제1차 바티칸 공의회에서 선포된 내용들이 재차 확인 선포되는 내용이 많이 있어서, 그러한 내용들은 삽입하지 않았다. 그래서 제2차 바티칸 공의회의 여러 법령 가운데 성례나 규례, 교육 관련 내용은 제외하고, 그들의 견해가 나타나는 법령 내용들을 번역하여서 아래에 넣었다.

DOGMATIC CONSTITUTION ON DIVINE REVELATION[11]

신성한 계시에 대한 교리적 구성

"Therefore both sacred tradition and Sacred Scripture are to be accepted and venerated with the same sense of loyalty and reverence. Sacred tradition and Sacred Scripture form one sacred deposit of the word of God, committed to the Church."

그러므로 신성한 전통과 신성한 말씀은 두 개가 같은 정도의 충성심과 존경심을 가지고 받아들여지고 숭배되어야 합니다. 신성한 전통과 신성한 말씀은 같은 신성한 하나님의 말씀에서 비롯된 것이며, 교회에 맡겨진 것입니다.

"It is clear, therefore, that sacred tradition, Sacred Scripture and the teaching authority of the Church, in accord with God's most wise design, are so linked and joined together that one cannot stand without the others, and that all together and each in its own way under the action of the one Holy Spirit contribute effectively to the salvation of souls."

그렇기 때문에 분명한 것은 신령한 전통, 신령한 말씀, 그리고 교회의 가르침의 권위가 다 하나님의 가장 지혜로운 계획에 따라 연결되어 있고 이어져 있기 때문에, 어떤 것도 홀로 다른 도움 없이 설 수 없으며, 다 함께 어우러져서 각자가 성령님의 역사하심 아래에서 자신의 부분을 감당을 하면서 효과적으로 영혼 구원하는 일에 기여를 합니다.

제2차 바티칸 공의회의 내용에서는 아예 그들의 전통을 성경과 같은 수준으로 높이 올리면서 그러한 권위에 순종을 강요를 하는 내용을 볼 수 있다. 이들이 자신들의 전통과 자신들의 가르침을 성경과 같은 수준으로 높이 올려놓아서, 결국 모든 성경을 인정을 하는 사람들이 그들의 권위를 그와 같은 수준으로 인정을 하도록 하는 노력을 볼 수 있다. 마지막 때에, 하나님의 인을 받은 자들 외에는 다 같이 멸망받는 쪽에 속하게 된다는 말씀처럼, 사람들이 인정을 할 수 있는 가장 높은 모양의 권위를 세우는 모습은 우리가 주목을 할 부분이다.

DOGMATIC CONSTITUTION ON THE CHURCH[12]

교회 관련 교리적 헌법

"This Church constituted and organized in the world as a society, subsists in the Catholic Church, which is governed by the successor of Peter and by the Bishops in communion with him, although many elements of sanctification and of truth are found outside of its visible structure. These elements, as gifts belonging to the Church of Christ, are forces impelling toward catholic unity."

비록 성화 관련 부분들이나, 진리가 구조 밖에서도 발견된다는 요소들이 있기는 하지만, 이 교회는 세상에서 하나의 사회로 구성되고 조직되었으며 그것은 베드로의 후계자와 그와 친교를 이루는 주교들에 의해서 다스려지는 카톨릭 교회에서 존재합니다. 이러한 요소들은 그리스도의 교회에 속한 선물이며 카톨릭 일치를 추진하는 힘입니다.

"Those who approach the sacrament of Penance obtain pardon from the mercy of God for the offence committed against

Him and are at the same time reconciled with the Church, which they have wounded by their sins, and which by charity, example, and prayer seeks their conversion."

고해성사를 하는 사람들은 하나님 앞에서 저지른 죄들에 대해서 하나님의 자비하심으로 죄사함을 받게 되며 그와 동시에, 자신들의 죄로 인해서 상처를 받았고 또한 선행과, 모범적인 삶과, 기도로 그들의 회심을 위해서 기도한 교회와 화해가 이루어지는 것입니다.

"Basing itself upon Sacred Scripture and Tradition, it teaches that the Church, now sojourning on earth as an exile, is necessary for salvation. Christ, present to us in His Body, which is the Church, is the one Mediator and the unique way of salvation. In explicit terms He Himself affirmed the necessity of faith and baptism and thereby affirmed also the necessity of the Church, for through baptism as through a door men enter the Church. Whosoever, therefore, knowing that the Catholic Church was made necessary by Christ, would refuse to enter or to remain in it, could not be saved."

성스러운 말씀과 전통에 입각하여, 교회는 지금 이 땅에서 나그네의 삶을 살고 있으며 구원이 필요하다는 것을 가르치고 있습니다. 예수님께서는 자신의 몸을 우리에게 나타내시는데, 그것은 교회이며, 유일한 중보자이고 유일한 구원의 길입니다. 그분 자신이 신앙과 세례의 필요성을 명백히 확증하셨고 교회의 필요성도 확인하셨습니다. 세례를 통해 사람이 문을 통해 교회에 들어가는 것과 같습니다. 그러므로 누구든지 카톨릭 교회가 그리스도에 의해 필요하게 된 것을 알면서 그 교회에 들어가기를 거부하거나 그 안에 머물기를 거부하는 사람은 구원받을 수 없습니다.

"In all of Christ's disciples the Spirit arouses the desire to be peacefully united, in the manner determined by Christ, as one flock under one shepherd, and He prompts them to pursue this end."

그리스도의 모든 제자들에게 성령은 그리스도께서 정하신 방법으로 한 목자 아래 한 무리로서 평화롭게 연합하라는 마음을 불러일으키시며 그렇게 하기를 촉구하십니다.

"But the plan of salvation also includes those who acknowledge the Creator. In the first place amongst these, there are the Muslims, who, professing to hold the faith of Abraham, along with us adore the one and merciful God, who on the last day will judge mankind. Nor is God far distant from those who in shadows and images seek the unknown God, for it is He who gives to all men life and breath and all things, and as Saviour wills that all men be saved."

그러나 구원의 계획에는 창조주를 인정하는 사람들도 포함됩니다. 이들 가운데 첫째로, 아브라함의 신앙을 지켰다고 공언하는 이슬람교도들이 있으며, 그들은 우리와 함께 마지막 날에 인류를 심판하실 유일하고 자비로운 하나님을 경배합니다. 하나님은 그림자와 형상 가운데서 미지의 하나님을 찾는 자들에게서 멀리 계시지 않고 만민에게 생명과 호흡과 만물을 주시는 이시기 때문에 구세주의 뜻대로 모든 사람이 구원을 받기를 원하십니다.

"Vicar of Christ and pastor of the whole Church, the Roman Pontiff has full, supreme and universal power over the Church."

그리스도의 대리자이자 전체 교회의 목자인 로마 교황은 온 교회에 대한 완전하고 가장 높으며 포괄적인 권한을 가지고 있습니다.

"A council is never ecumenical unless it is confirmed or at least accepted as such by the successor of Peter; and it is prerogative of the Roman Pontiff to convoke these councils, to preside over them and to confirm them."

어떤 공의회라도 베드로의 후계자가 승인하거나 최소한 수용하지 않는 한 결코 에큐메니컬일 수 없습니다. 이러한 공의회들을 소집하고 주재하고 확인하는 것은 로마 교황의 특권입니다.

카톨릭 교회가 죄사함을 선포할 수 있다고 하고, 이 세상에는 단 하나의 교회가 존재를 하는데, 그것이 카톨릭 교회라고 하며, 카톨릭 교회가 유일한 중보자이고 유일한 구원의 길이라고 하며, 세상에서 가장 높은 권위를 하나님께서 부여하셨다고 하면서, 이 세상 어떤 것보다도 가장 높은 자리에 로마 교회를 세우는 것을 확실히 볼 수 있다. 그런 반면에, 다른 종교까지도 다 받아들이고 안아 줌으로써 하나의 교회 안으로 속하게 하는 모습이다. 마지막 때에 하나님을 대적하는 자들이

할 일, 최대한 많은 사람들을 그의 영향력 안으로 넣는 모양이 이 교리 헌법 내용 가운데에서 선명히 나타나는 것을 볼 수 있다.

DECREE ON ECUMENISM[13]

에큐메니즘에 관한 법령

"The restoration of unity among all Christians is one of the principal concerns of the Second Vatican Council. Christ the Lord founded one Church and one Church only. However, many Christian communions present themselves to men as the true inheritors of Jesus Christ; all indeed profess to be followers of the Lord but differ in mind and go their different ways, as if Christ Himself were divided. Such division openly contradicts the will of Christ, scandalizes the world, and damages the holy cause of preaching the Gospel to every creature."

모든 그리스도인들의 하나됨을 회복하는 것은, 제2차 바티칸 공의회의 주요 관심사 중 하나입니다. 그리스도이신 주님은 오직 하나의 교회, 단 하나만의 교회를 세우셨습니다. 그러나 많은 기독교 공동체들이 자신들을 예수 그리스도의 진정한 상속자인 것처럼 사람들에게 설명합니다. 진정 모두가 주님을 따른다고 하지만 그리스도께서 분열된 것처럼 서로 마음이 다르고 각자 다른 길을 가고 있습니다. 그러한 분열은 진정 그리스도의 뜻에 어긋난 것이며 세상을 욕되게 하는 것이며, 모든 피조물에게 복음을 전해야 하는 전도의 거룩한 큰 뜻을 손상시키는 것입니다.

"But the Lord of Ages wisely and patiently follows out the plan of grace on our behalf, sinners that we are. In recent times more than ever before, He has been rousing divided Christians to remorse over their divisions and to a longing for unity. Everywhere large numbers have felt the impulse of this grace, and among our separated brethren also there increased from day to day the movement, fostered by the grace of the Holy Spirit, for the restoration of unity among all Christians. This movement toward unity is called "ecumenical.""

그러나 만세의 주님께서는, 우리 같은 죄인들을 위해서 지혜롭게 인내 가운데에 은혜의 계획을 세우십니다. 그 어느 때보다도 최근에 그분께서 분열된 그리스도인들을 깨우치셔서 분열에 대해서 회개를 하고 일치를 갈망하게 하셨습니다. 도처에서 많은 사람들이 이러한 은혜를 향한 마음을 느꼈고, 분리된 우리 형제들 사이에서도 모든 그리스도인들 사이의 일치 회복을 위한 성령님의 은혜에 의해 촉진하게 된 운동들이 날로 증가했습니다. 일치를 향한 이러한 운동을 "에큐메니컬"이라고 합니다.

"Nevertheless, our separated brethren, whether considered as individuals or as Communities and Churches, are not blessed with that unity which Jesus Christ wished to bestow on all those who through Him were born again into one body, and with Him quickened to newness of life - that unity which the Holy Scriptures and the ancient Tradition of the Church proclaim. For it is only through Christ's Catholic Church, which is "the all-embracing means of salvation," that they can benefit fully from the means of salvation. We believe that

Our Lord entrusted all the blessings of the New Covenant to the apostolic college alone, of which Peter is the head, in order to establish the one Body of Christ on earth to which all should be fully incorporated who belong in any way to the people of God."

그럼에도 불구하고, 우리의 분리된 형제들은, 개인이로든 공동체이든 교회이든, 모든 사람들이 그로 인해서 거듭나서 한 몸을 이루며, 성경과 교회의 전통을 통해서 선포하는 그와 함께 새 생명으로 소생되는 자들에게 부어주시기를 원하는 일치의 축복을 받지는 못하였습니다. 왜냐하면 그것은 오로지 모든 구원의 수단을 가지고 있는 그리스도의 카톨릭 교회를 통해서만 온전한 구원의 수단의 유익을 얻을 수 있는 것이 가능하기 때문입니다. 우리는 주님께서 새 언약의 모든 축복을, 어떤 모양으로든 하나님의 백성으로 속한 자들이 온전히 통합이 되어서 그리스도의 한 몸을 이 지상에 세우기 위하여서 베드로를 머리로 세우신 오로지 단 하나의 사도적 기관에 맡겼음을 믿습니다.

위의 내용을 통해서 알 수 있는 사실은, 전에는 그리스도인들을 이단이라고 하여서 처형을 하였는데, 이제는 분리된 형제들이라고 하면서 하나 되자고 한다. 그런데 분명한 선을 긋는 것은, 단 하나의 교회인 그들의 교회 안에서 그것을 이루어야 한다고 한다. 또한 하나 되어야 한다는 것을 계속해서 강조해서 선포하고 그것이 하나님의 온전한 뜻인 것으로 설명을 한다. 또한, 생명의 빛에 속하기 위해서 목숨까지 버렸던 믿음의 조상의 믿음의 역사, 어두움에서 나누어져서 빛을 선택한 역사를, 나누어졌기 때문에 회개를 해야 할 일이라고 한다. 그리고, 그렇게 나눠졌던 것을 회개하면서 하나가 되도록 하는 에큐메니컬 운동을 하나님께서 하도록 하신다고 이야기한다. 너무나도 하나님의 뜻과 하나님의 말씀에 반대되는 주장들만을 하고 있는데도 그들과 하나되기 원하고 에큐메니컬 운동을 하면서 그들과 마음을 합하기를 원한다면, 그것은 외식으로 인해서 맹인이 되었기에 빛을 볼 수 없는 결과라고 할 수밖에 없다.

THE RELATION OF THE CHURCH TO NON-CHRISTIAN RELIGIONS(14)

비기독교 종교와의 교회의 관계

The Catholic Church rejects nothing that is true and holy in these religions. She regards with sincere reverence those ways of conduct and of life, those precepts and teachings which, though differing in many aspects from the ones she holds and sets forth, nonetheless often reflect a ray of that Truth which enlightens all men. The Church, therefore, exhorts her sons, that through dialogue and collaboration with the followers of other religions, carried out with prudence and love and in witness to the Christian faith and life, they recognize, preserve and promote the good things, spiritual and moral, as well as the socio-cultural values found among these men.

비기독교 종교와도 하나 됨을 이루고자 하는 모양을 볼 수 있다. 다른 종교들이 전에는 적으로 간주되었는데, 이제는 하나 되자고 한다. 로마 교회가 모든 세상 사람들을 자기의 세력 안에서 하나가 되게 하고자 한다는 내용을 우리는 전편에서 많이 나누었었다. 마지막 때에, 그 세력 안에 속하지 않는 사람들은 하나님의 인치심을 받은 자들밖에 없을 것이기 때문이다.

위에 로마 교회의 교리 헌장들을 살펴보면서, 예수님께서 외식하는 자들에 대한 예언을 하신 내용과, 또한, 마지막 때에 하나님을 대적하는 세력에게 하나님께 인치심을 받은 자 외에 모든 자들이 다 속하게 된다는 하나님의 말씀들이 진리임이 다시 한번 확인하게 되었다. 너무나도 모든 성경의 말씀들의 성취가 확연해져 가는 이때에, 우리가 분별 가운데 깨어 있으면서 하나님께 속하는 자들이 되는 것이 가장 중요한 것임을 다시 한번 깨닫는 기회가 되었다.

13

로마 교회와 기독교

앞의 두 장 가운데에서 나누었던, 제1, 2차 카톨릭 공의회의 교리 헌장들을 살펴보면서, 로마 교회가 추구하는 내용들을 확실히 확인할 수 있었다.

외식에 대한 정의가 확실하지 않았을 때에는, 외적인 부분을 중요시하는 그들의 행위와 교리들을 합당하지 않게 생각은 했지만, 얼마나 하나님을 대적을 하는 모습인지는 자세히 인지하지 못했었다. 인간의 모임은 커지면 다 형식적이 되고 외형에만 치우치니까, 이렇게 오랫동안 세력을 이어 온 단체에 외형적인 부분이 많이 부각이 되는 것을 크게 문제 삼지 않는 마음이 있었다.

그런데, 외식을 하는 죄에 대한 정의가 바로 서고 나니까, 로마 교회에서 말하는 내용 하나하나가 얼마나 하나님을 대적을 하는 내용이며, 얼마나 하나님을 경멸하는 태도이며, 얼마나 하나님을 두려워하지 않는 모습인지를 너무나도 확실히 느낄 수가 있었다.

또한, 바리새인들과 사두개인들의 외식의 죄의 모양이 계속 이어져 온 것뿐만이 아니라, 예수님의 예언대로 훨씬 더 심하게 된 것을 볼 수 있었다. 예수님께서는 마태복음 12장에서 악한 세대, 곧 외식하는 자들의 무리에 대해서 이야기하실 때에, "그 사람의 나중 형편이 전보다 더욱 심하게 되느니라 이 악한 세대가 또한 이렇게 되리라'라고 하셨었는데, 정말 어떤 것 하나도 맞지 않는 부분이 없을 정도로 외식하는 자들의 세력이 예수님께서 말씀하신 그대로 이어져 온 것을 확인하고 확증할 수 있었다.

이제는, "내 백성아, 거기서 나와 그의 죄에 참여하지 말고 그가 받을 재앙들을 받지 말라" 하시는 하나님의 말씀에 대한 이해가 한층 더 선명해졌다.

그리고, 교리 헌장 내용을 통해서 에큐메니컬 운동에 대한 이해를 확실히 할 수 있었다. 앞 장에 내용 가운데에서, "어떤 공의회라도 베드로의 후계자가 승인하거나 최소한 수용하지 않는 한 결코 에큐메니컬일 수 없습니다. 이러한 공의회들을 소집하고 주체하고 확인하는 것은 로마 교황의 특권입니다.'라고 이야기를 한다. 그러니까 기독교가 속한 에큐메니컬 운동들이 로마 교황 주체와 확인 안에 속하여 있는 것이라는 것이다. 또한, 에큐메니컬 운동이 나누어졌던 것을 회개하는 운동이라고 하는데, 기독교가 어두움에서 빛으로 나누어졌었던 종교개혁의 역사를 그들은 회개를 해야 하는 죄로 정의를 한 것이다.

기독교에서 자유주의적인 신앙을 가진 교회를 중심으로 과반쯤은 에큐메니컬 운동의 대표 기관인 World Christian Council(WCC)이나 그와 연관된 기관들에 속하여 있다. 한국은 World Christian Council(WCC)의 지역 기구인 National Council of Churches in Korea(NC-CK)를 중심으로 많은 교회들이 속하여 있는데, 그 안에 속하여 있는 교회뿐만이 아니라, NCCK가 자매 결연을 맺는 모습으로 속하여 있는 교회들도 많기 때문에, 로마 교회가 우리 기독교 교회에 끼치고 있는 영향이 굉장히 큰 것을 부정을 할 수가 없다.

그러면서 우리가 생각을 하는 것은, 로마 교회와의 친카톨릭 관계를 이어 가는 것은 자유주의 성향의 기독교 교회들이라고 생각을 한다. 그런데 그렇지가 않은 사실들을 많이 찾을 수 있었다. 미국에서 자유주의 성향이 아닌 보수주의 성향의 기독교 교회들이 대다수 속해 있는 단체가 National Association of Evangelicals이다. 보수주의를 대표하는 복음주의 단체이다. 그런데, 그들의 로마 교회와의 관계에 대한 내용들을 볼 때, 로마 교회와의 좋은 관계를 유지를 하는 것은, 자유주의 성향의 기독교에만 국한이 된 것이 아닌 것을 알 수 있다.

"The founding of the National Association of Evangelicals(NAE: 1942) and the second Vatican Council(1962-1965) ⋯ the signs of warming since the founding of the NAE and the decisions of Vatican II."[15]

"National Association of Evangelical(NAE: 1942)의 설립과 제2차 바티칸 공의회(1962-1965)의 개최로 ⋯ NAE의 설립과 제2차 바티칸 공의회에서의 결정들로 인해서 관계 회복 온난화 징후가

시작되었다."

    우리가 전 장에서 살펴본 제2차 바티칸 공의회로 인해서 보수주의의 복음주의 단체와의 관계 개선이 시작이 되었다는 내용이다. 그리고, 복음주의 단체 NAE의 대표적인 인물을 Billy Graham으로 들 수가 있다. 그리고, 우리가 전편을 통해서도 나눴던 것처럼, Billy Graham은 친카톨릭 성향을 계속해서 유지를 했던 것으로 유명하다.[16] 그것뿐만이 아니라, 복음주의 측에서 가장 대표적이고 인정이 되는 신학교가, Boston Theological Institute의 멤버로 속해 있는데, 9개의 신학교가 컨소시엄을 이루는 협회이며, 다른 멤버들이 대부분 로마 교회 교단이거나 World Christian Churches에 속해 있는 교단의 교회들이다.[17]

    위에 내용들을 설명한 것은, 특별한 단체를 문제시하기 위한 것이 아니라, 자유주의 성향이나, 보수주의 성향을 떠나서 개신교 교회가 대부분 로마 교회와 친카톨릭의 관계를 이어 가고 있다는 현재 상황을 설명을 하기 위함이다.

    앞에서 나눈 내용 가운데, "우리는 주님께서 새 언약의 모든 축복을, 어떤 모양으로 든 하나님의 백성으로 속한 자들이 온전히 통합되어서 그리스도의 한 몸을 이 세상 가운데 세우시기 위하여서 베드로를 머리로 세우신 오로지 단 하나의 사도적 기관에 맡겼음을 믿습니다"라고 하는 내용이 있다. 어떤 모양으로 연합이 되어도 결국은 로마 교회의 주권 밑으로 들어가게 된다는 내용이다. 또한, 내용 가운데에서 "카톨릭 종교는 언제나 흠 없이 보존이 되어 왔고", "구세주의 신성한 약속에 따라 항상 어떤 오류에 흠도 없다"라는 내용이 있다. 이들이 한 번도 오류나 흠 없이 완전했다고 이야기를 하는 것이다. 그렇다면, 그들의 문제점을 지적을 하고 종교개혁을 하게 된 기독교의 믿음의 조상들의 역사는 오류였다는 것이 되고, 그들은 그때나 지금이나 하나도 변한 것이 없다는 것을 선포를 하는 것이 된다.

전편을 통해서나 이 책을 통해서 하나님을 대적을 하는 세력에 대해서 설명을 하는 내용을 포함한 것은, 그들을 대적하자는 취지가 아니다. 왜냐하면, 외식하는 자들의 세력을 결국 심판하시고 벌하실 것은 하나님이시기 때문이다. 그럼에도 불구하고 우리가 하나님께서 기뻐하지 않으시는 세력의 모양에 대해서 잘 알아야 하는 이유는, 우리가 거기에 어떤 모습으로 속해 있으며, 어떤 모양으로 영향을 받고 있는지 잘 알아야지 우리가 그러한 모든 모습 가운데에서 나올 수가 있기 때문이다. "내 백성아, 거기서 나와 그의 죄에 참여하지 말고 그가 받을 재앙들을 받지 말라"라고 외치시는 하나님의 말씀에 순종을 하기 위해서 우리는 우리가 나와야 할 대상에 대해서 잘 알아야 하며 또한 우리가 얼마나 그러한 영향력을 받고 있는지도 잘 알아야 한다.

앞의 제1, 2차 바티칸 공의회 내용들로 인해서, 예수님께서 예언하신 외식하는 자들의 세력이 로마 교회를 통해서 계속해서 이어져 온 것을 확증할 수 있었으며, 그들의 가르침이 바리새인과 사두개인들의 모습과 같다는 사실을 확인을 할 수 있었다.

14

하나님의 사정

앞에서 나눈 내용 들을 통해서 알게 된 사실은, 우리가 너무나도 무지하다는 사실이다. 어두움이 무엇인지 빛이 무엇인지를 분별하지 못하였으며, 우리가 외식을 하고 하나님이 아닌 사람 중심으로 살고 있으면서도, 하나님을 열심히 믿는다는 생각을 가지고 있었다는 것이다. 하나님에 대해서나 자신들에 대해서 가지고 있는 생각들이 너무나도 잘못되어 있어서, 우리의 신앙의 모든 부분들에 있어서 바른 성경적 지식을 갖는 것이 너무나도 필요하다고 생각하였다. 이번 장에서 하나님과 하나님의 구원에 역사에 대해서, 성경만을 중심으로 해서 다시 살펴보자.

하나님은 모든 것을 하실 능력이 있으신 전지 전능하신 하나님이시다. 그런데, 전지전능하신 하나님이라는 사실로 인해서 많은 사람들이 갖는 생각들이 있다. 뭐든지 하실 수 있는 하나님이시고 사랑이 많으신 하나님이시면, 모든 사람들을 용서하시고, 모든 사람을 축복하시고, 모든 사람들을 천국 보내 주시면 안 되나? 하나님이 아들이 있으시다는 것은 뭔가? 동정녀에게서 나신 하나님은 뭔가? 피가 있어야 용서가 된다는 것은 뭔가? 뭐든지 하실 수 있는 하나님께서 이렇게 하신다는 것이 이해가 안 가고 정말로 전지전능하신 하나님인지 의심이 간다고 하는 생각들이다.

그런데, 우리는 하나님께서 참 못 하시는 것이 많다는 사실을 모른다. 하나님께서는, 모든 것을 하실 수 있는 능력이 있으신 전지전능하신 하나님이지만, 자신이 선포하신 말씀에 어긋나는 것은 어떤 것도 하실 수 없다. 상대방의 사정을 잘 모를 때 오해를 하기가 쉬운데, 우리는 하나님의 사정을 잘 몰라드려서 참 많은 오해를 한다. 마태복음 22장 29절에서 "예수께서 대답하여 이르시되 너희가 성경도, 하나님의 능력도 알지 못하는 고로 오해하였도다"라고 하신 말씀을 통해서도 우리가 하나님을 잘 알지 못함으로 인해서 오해하는 상황들이 있음을 알려 주신다.

그런데, 하나님 입장에서 도저히 우리에게 은혜를 베푸실 수 없는 상황임에도 불구하고, 자신이 선포하신 말씀들을 온전히 다 이루어 가시면서도 없는 길들을 새로 만들어 가시면서 우리에게 부어 주셨던 은혜의 역사들을 하나님의 입장에서 이해를 하게 되면 우리는 하나님의 엄청난 사랑에 감격하지 않을 수가 없다.

먼저 알아야 할 사실은 우리의 사정이다. 창세기 2장 17절에 "선악을 알게 하는 나무의 열매는 먹지 말라 네가 먹는 날에는 반드시 죽으리라 하시니라"라고 하나님께서 명령을 하셨다. 아담과 하와가 선악과의 열매를 먹음으로 인해서, 우리는 "반드시 죽으리라"라고 하신 하나님의 저주 아래 갇힌 자들이 되어 버렸다. 반드시 죽는다는 저주로 인해서 우리의 육신의 삶이 유한하게 된 것만이 아니라, 하나님께서 주시는 영원한 영의 생명을 누릴 수 없는 자들이 되어 버렸다. 그렇다고 해서, 하나님께서, 내가 "반드시 죽으리라"라고 하셨던 말씀을 취소하실 수는 없는 일이다.

그래서, 저주 아래 갇혀 있는 우리들을 위해서 하신 것이, 인류의 역사를 통해서 이루어 가신 하나님의 구원 프로젝트이다. 선포하신 하나님의 말씀에 하나도 어긋나지 않도록 하면서도, 반드시 죽으리라는 저주에서 합법적으로 우리를 빼내어서, 결국 영원히 하나님과 교제하는 자들로 만들어 주시는 프로젝트이다.

그리고, 그 하나님의 구원의 프로젝트를 이루어 나가는 데에 사용을 하신 도구가 "언약"이라는 도구이다. 단계마다 계속되는 언약들을 통해서 약속을 하고 또 그 약속을 이루어 가면서 길을 만드셔서 믿음의 관계가 이어지도록 하셨고, 결국은 온전히 모든 언약들을 이루시고, 빠져나오기 불가능했던 저주에서 영생의 축복으로 나오는 길을 여시는 역사를 온전히 이루셨다.

　구약성경을 통해서 구원 프로젝트를 진행을 하시고 이행을 하시는 하나님을 볼 때, 자신의 신실하심과 사랑이 많으심으로 인해서 표현되는 절대적인 모습들로 인해서, 우리 인간에게서 두 가지의 반응이 나온다. 하나님의 사정을 알고 하나님을 경외하는 사람들은 그렇게까지 하면서라도 우리에게 영원한 생명을 얻도록 역사하신 하나님께 감격하고 감사하면서, 우리도 하나님을 그러한 절대적인 사랑으로 사랑을 하기를 다짐하게 된다. 그런데 하나님의 사정을 모르고 하나님을 경외하지 않는 사람들은 구약성경 안에서 하나님의 사랑을 느끼기보다 이질감을 느끼고, 현대의 시대적 관점으로 이해를 하기 힘든 부분이 많다는 생각을 하게 된다.

　그래서 하나님의 사정을 알고, 하나님 편에서 이해하는 것이 너무나도 중요하다.

　예수 그리스도를 믿는다고 할 때, 예수님을 보내 주심으로 인해서 결국 언약을 온전히 이루신 하나님을 믿는 것이다. 그래서 요한복음 12장 44절에서 "예수께서 외쳐 이르시되 나를 믿는 자는 나를 믿는 것이 아니요 나를 보내신 이를 믿는 것이며"라고 말씀하셨다. 그런데, 온 몸과 온 마음과 온 뜻을 다해서 사랑하고 감사해야 할 하나님에 대해 너무 많은 오해를 하고 제대로 이해를 해 드리지 못한다.

또한 요한복음 17장 3절에서, "영생은 곧 유일하신 참 하나님과 그가 보내신 자 예수 그리스도를 아는 것이니이다"라고 하셨다. 또한, 호세아 6장 3절에서 "그러므로 우리가 여호와를 알자 힘써 여호와를 알자"라고 하신다. 하나님을 알되, 하나님의 마음과 중심을 알게 되어서, 어두움 가운데 빠져 있음에도 인지하지 못하였던 모습에서 하나님께서 기뻐하시는 빛 가운데로 온전히 나올 수 있어야 하겠다.

15

첫 번째 언약

전장에서 우리가 나눈 내용은 사단의 공격에서 승리하기 위해서는 하나님을 알고, 하나님의 사정과 사랑을 알고, 하나님께서 이루어 주신 선물을 받고 누려야 한다는 것이었다. 그것이 우리의 부흥이고 그것이 내 백성아 거기서 나와라고 하시는 하나님의 명령에 순종을 하는 것이기 때문이다.

그러면서 우리는 하나님께서 계획하신 구원 프로젝트에 대한 이야기를 나누었고, 이번 장은 그러한 하나님의 구원 프로젝트가 시작이 되는 첫 번째 언약에 관한 이야기이다.

창세기 6장 5-7절 말씀에는, 하나님의 언약의 성취의 축복을 누리고 있는 지금의 축복 된 상황이 가능하지 않을 수 있었던, 언약이 시작되기 전의 정황에 대한 설명이 나온다.

여호와께서 사람의 죄악이 세상에 가득함과 그의 마음으로 생각
하는 모든 계획이 항상 악할 뿐임을 보시고 땅 위에 사람 지으셨
음을 한탄하사 마음에 근심하시고, 이르시되 내가 창조한 사람을
내가 지면에서 쓸어버리되 사람으로부터 가축과 기는 것과 공중
의 새까지 그리하리니 이는 내가 그것들을 지었음을 한탄함이니
라 하시니라

항상 자기 중심적으로 생각하는 우리의 마음, 남보다 높아지려고 하
고 높임 받는 것을 기뻐하는 우리의 마음, 아무리 은혜를 받아도 곧 잊
고 불평을 하는 마음, 우리가 우리 마음을 보아도 선한 것이 하나도 없
는 우리의 악한 마음을 인정하지 않을 수가 없다.

그런데, 온전히 선하시고 어두움이 하나도 없으신 하나님께서 인간
의 죄악 된 모습을 대하시면서, 사람을 지으셨음을 한탄하시고 마음
에 근심을 하셨다는 것은 너무나도 당연하다는 생각을 했다. 하나님의
말씀에 불순종하고 죄악에 빠지게 된 인간, 그러한 인간에게서 나오는
어두운 죄성, 겉으로 나오는 행동만이 아니라, "그의 마음으로 생각하
는 모든 계획이 항상 악할 뿐임을" 보시면서 당연히 지면에서 쓸어 버
리겠다는 생각을 하신 것이 너무나도 이해가 간다.

그때, 창조물들을 다 멸하여 버리셨다면, 수천 년간 계속되는 한탄

에서 자유로우셨을 텐데….

  그런데, 온 세상 가운데에서 하나님을 경외하는 단 한 사람, 노아를
보시고 그 마음을 바꾸신다. 노아를 통해서 방주를 만들게 하셔서 방
주를 통해서 모든 하나님의 창조물을 종류별로 다 남기시고 하나님의
구원의 프로젝트의 첫 언약을 이때에 하신다.

창세기 9:8-17

하나님이 노아와 그와 함께 한 아들들에게 말씀하여 이르시되,
내가 내 **언약**을 너희와 너희 후손과 너희와 함께 한 모든 생물 곧
너희와 함께 한 새와 가축과 땅의 모든 생물에게 세우리니 방주
에서 나온 모든 것 곧 땅의 모든 짐승에게니라 내가 너희와 **언약**
을 세우리니 다시는 모든 생물을 홍수로 멸하지 아니할 것이라
땅을 멸할 홍수가 다시 있지 아니하리라 하나님이 이르시되 내가
나와 너희와 및 너희와 함께 하는 모든 생물 사이에 대대로 **영원**
히 세우는 언약의 증거는 이것이니라 내가 내 무지개를 구름 속
에 두었나니 이것이 나와 세상 사이의 **언약**의 증거니라 내가 구
름으로 땅을 덮을 때에 무지개가 구름 속에 나타나면 내가 나와
너희와 및 육체를 가진 모든 생물 사이의 내 **언약**을 기억하리니
다시는 물이 모든 육체를 멸하는 홍수가 되지 아니할지라 무지개
가 구름 사이에 있으리니 내가 보고 나 하나님과 모든 육체를 가

진 땅의 모든 생물 사이의 **영원한 언약**을 기억하리라 하나님이
노아에게 또 이르시되 내가 나와 땅에 있는 모든 생물 사이에 세
운 **언약**의 증거가 이것이라 하셨더라

지금은 그때로부터 많은 시간이 지났고, 정말 하나님께서 언약을 지
키셔서 전 세계를 홍수로 멸망하게 하신 일이 없었기 때문에, 이 내용
이 마음에 많이 와닿지 않을 수 있다. 하지만, 하나님의 입장에서 보
면, 홍수로 인간을 멸하신 사실이 인간의 죄성을 변화시킨 것이 아니
기 때문에, 조금만 시간이 지나도 결국은 하나님께서 한탄하시고 인간
을 지으신 것을 후회하시는 상황은 계속될 수밖에 없는 것이다. 노아
의 홍수 이후에도 하나님께서 인간을 지으신 것을 한탄하시고 지면에
서 쓸어 버리 시겠다는 생각을 매 순간 하실 수 있는 일이고, 또 인간
들도 비가 올 때마다 하나님께서 세상을 한탄하시면서 우리를 쓸어 버
리지 않으시는지 걱정을 할 수 있는 일이다.

그런데, 하나님께서는 이때 인간과의 첫 언약을 맺으신다. 언약을
맺으셨다는 의미는 하나님의 구원 프로젝트의 의지를 확고히 선포하
신 것이다. 분명히 하나님께서는 "영원히 세우는 언약"이라고 하셨는
데, 언약을 맺음으로 인해서 영원히 지켜야 하는 약속에 묶이시게 된
것이다. 인간과의 영원히 이어지는 약속이 있다는 것은, 인간을 통해
서 영원히 하나님과 연결이 되는 관계를 만드셔서 그 관계를 이어 가

시겠다는 의지가 표현이 된 것이다. 우리는 "반드시 죽으리라"는 저주 아래에서 영원한 약속을 맺을 수 있는 자격이 없는데, 그런 우리와 영원히 세우는 언약을 하여 주심으로 해서, 하나님께서는 이렇게 한탄스러운 인간들을 결국 영원히 포기하지 않으시고 하나님의 구원의 역사를 이루겠다는 선포를 하여 주시게 된 것이다.

그렇게 해서 인간은 영원히 하나님과 맺는 언약으로 엮인 관계를 시작할 수 있게 되었다. 그런데, 이 첫 언약을 통해서는, 영원히 세우는 언약은 시작이 되었지만, 우리는 영원할 수가 없는 존재라서 그 약속을 어떻게 이어 가실지 자세히 알 수가 없다. 그러나 단계 단계 이어가시는 언약들을 통해서 하나님은 진정 위대하시고 은혜가 넘치시는 하나님이심을 선포하지 않을 수가 없도록 하셨다.

16

아브라함과의 언약

노아의 홍수 후 400년 이상이 지났다.

역대하 16장 9절에, "여호와의 눈은 온 땅을 두루 감찰하사 전심으로 자기에게 향하는 자들을 위하여 능력을 베푸시나니…"라는 말씀이 있는데, 400년 동안 온 땅을 두루 감찰하시면서 전심으로 자신에게 향하는 자들을 그렇게 찾으셨는데도, 그런 자가 없었었다는 것이다. 그럼에도 불구하고 인간이 소멸되지 않을 수 있었던 것은, 하나님께서 인간과 영원히 세우는 언약을 하셨고, 하나님은 그 언약을 계속 신실하게 지키시면서 결국 450년쯤 후에 아브라함과의 언약을 맺으신다.

창세기 17장 1-16절에 아브라함과의 언약의 내용이 나온다.

아브람이 구십구 세 때에 여호와께서 아브람에게 나타나서 그에게 이르시되 나는 전능한 하나님이라 너는 내 앞에서 행하여 완전하라 내가 내 **언약**을 나와 너 사이에 두어 너를 크게 번성하게 하리라 하시니, 아브람이 엎드렸더니 하나님이 또 그에게 말씀하여 이르시되, 보라 내 **언약**이 너와 함께 있으니 너는 **여러 민족의 아버지가 될지라** 이제 후로는 네 **이름을 아브람이라 하지 아니하고 아브라함이라 하리니 이는 내가 너를 여러 민족의 아버지가 되게 함이니라** 내가 너로 심히 번성하게 하리니 내가 네게서 민족들이 나게 하며 왕들이 네게로부터 나오리라 **내가 내 언약을 나와 너 및 네 대대 후손 사이에 세워서 영원한 언약을 삼고 너와 네 후손의 하나님이 되리라** 내가 너와 네 후손에게 네가 거류하는 이 땅 곧 가나안 온 땅을 주어 **영원한 기업**이 되게 하고 나는 그들의 하나님이 되리라 하나님이 또 아브라함에게 이르시되 그런즉 너는 **내 언약을 지키고 네 후손도 대대로 지키라** 너희 중 남자는 다 **할례를 받으라** 이것이 **나와 너희와 너희 후손 사이에 지킬 내 언약이니라** 너희는 포피를 베어라 이것이 나와 너희 사이의 **언약의 표징이니라** 너희의 대대로 모든 남자는 집에서 난 자나 또는 너희 자손이 아니라 이방 사람에게서 돈으로 산 자를 막론하고 난 지 팔 일 만에 할례를 받을 것이라 너희 집에서 난 자든지 너희 돈으로 산 자든지 **할례를 받아야 하리니 이에 내 언약이 너희 살에 있어 영원한 언약이 되려니와** 할례를 받지 아니한 남자 곧 그 **포피를 베지 아니한 자는** 백성 중에서 끊어지리니 그 **가 내 언약을 배반하였음이니라** 하나님이 또 아브라함에게 이르

시되 네 아내 사래는 이름을 사래라 하지 말고 사라라 하라 내가
그에게 복을 주어 그가 네게 아들을 낳아 주게 하며 내가 그에게
복을 주어 그를 **여러 민족의 어머니**가 되게 하리니 **민족의 여러
왕이 그에게서 나리라**

아브라함과의 언약을 통해서 하나님께서 자신의 구원의 프로젝트의
내용을 공개하신 부분들이 있다. 하나님께서 모든 사람의 하나님이 되
시기를 거부하셨고, 하나님께서 인정하신 하나님의 명령을 따르는 자
들로 자신의 백성을 만드시고, 자신의 백성들만의 하나님이 되실 것을
선포를 하셨다. 지난번에 첫 번째 언약 가운데 속했던 모든 홍수 이후
에 살아남은 사람들 가운데에서, 아브라함과 그의 후손, 또한 하나님
의 할례를 받으라는 명령을 지키는 사람들로 구원 프로젝트 안에 해당
되는 사람들의 선이 그어진 것이었다.

하나님께서 이 언약을 통해서 갑자기 할례를 요구를 하게 되신 것
은, 인간은 "마음으로 생각하는 모든 계획이 항상 악할 뿐"(창세기 6:5)
임을 아시기 때문에, 죄악 된 인간의 모습을 떨쳐 버리고 참선이신 하
나님께 속하도록 하려는 하나님의 구원 프로젝트의 전략적 방법이었
다. 하나님의 백성이라는 표시를 할례라는 육신의 표피를 베어 내는
방법으로 하셨던 것이다. 예레미야 4장 4절에서 "유다인과 예루살렘
주민들아 너희는 스스로 할례를 행하여 너희 마음 가죽을 베고 나 여

호와께 속하라"라고 하는 말씀이 있다. 할례의 하나님의 의도가 표현이 되어 있는 말씀이다. 결국 할례는 하나님께 속하도록 하기 위한 것이고, 육적인 부분을 베어 내어서, 참영이신 하나님께 속하도록 하기 위한 것이라는 뜻이다. 또한, "너희 살에 있어 영원한 언약"이라고 위의 말씀 가운데 선포하신 것처럼, 각자 자신의 몸에 육에 속한 부분들을 제거한 표시를 가지고, 하나님께만 마음을 향하도록 하기를 원하셨던 것이, 할례를 모든 하나님의 백성들에게 명령하셨던 하나님의 의도였다는 설명이다.

할례를 행하도록 명령하신 하나님을 보면서 느낄 수 있었던 것은, 하나님께서 죄악만이 범람하는 세상 가운데에서, 모든 사람들의 마음에 계획이 다 악하여서 의인이 하나도 있을 수가 없기에, 새로운 의인의 기준을 세우고 만들어 주셨다는 것이다. 도덕적인 개념이 아닌 새로운 기준의 의인과 악인을 나누는 선을 그어 주셨는데, 그것이 보이지 않으시는 하나님을 세상보다 더 믿고 의지하여서, 하나님께 속하는 자가 되도록 하는 것이었다.

창세기 15장 5, 6절에, "그를 이끌고 밖으로 나가 이르시되 하늘을 우러러 뭇별을 셀 수 있나 보라 또 그에게 이르시되 네 자손이 이와 같으리라 아브람이 **여호와를 믿으니 여호와께서 이를 그의 의로 여기시고**"라는 말씀이 있다. 그리고 나서, 언약을 세울 것을 말씀을 하셨다.

인간은 죄인이기 때문에 "죄의 삯은 사망이라"(로마서 6:23)라고 하신 말씀대로 사망의 저주를 벗어날 수가 없다. 사망에서 벗어나려면 죄인이 아니고 의인이 되어야 한다. 그런데, 반드시 죽으리라는 저주 아래 갇힌 우리가 의인이 될 수 있는 방법이 없다. 그런데, 그런 방법을 만들어 가시는 첫 단계가, 하나님께 속한 자가 되도록 하여서, 하나님께 속하는 믿음을 보시고 의로 인정을 해 주시고자 하시는 계획이다.

아브라함과의 언약을 통해서 하나님께서 자신의 구원의 프로젝트의 내용을 공개하신 또 다른 부분은, 이 프로젝트를 통해서 결국 구상하시는 구원의 대상이 만국이라는 것이다. 한 사람이 어떻게 만국의 조상이 될 수 있는지에 대한 자세한 내용을 알리지 않으셨지만, 이 언약을 통해서 확실히 하나님께서 아브라함과 하신 약속이, 구원의 프로젝트를 통해서 영원한 생명의 은혜를 받는 자들의 대상이 만국이라는 것이었다.

할례를 받았다고 해도 죄인의 속성이 남아 있어서 계속해서 죄를 짓게 되는 부분의 문제점과 어떻게 한 사람이 만국의 조상이 될 수 있는지, 아직도 많은 부분에 구원의 프로젝트 가운데 밝혀져야 하는 부분이 남아 있지만, 아브라함과의 언약을 통해서, 하나님께 속한 자들이 되게 하시고, 하나님을 믿는 것을 의로 인정을 하시면서, 하나님이 자신의 백성들을 세워 가심으로 인해서 구원의 역사를 이어 가시고, 결국 영원한 생명을 얻게 하시는 소망을 주셨던 것이다.

아브라함이, 하나님과 언약을 맺고 또 명령에 순종하여서 할례를 하면서도, 하나님께서 인간들에게 영원한 생명을 주시기 위해서 얼마나 불가능해 보이는 상황 가운데에서 길을 만들어 가시는지, 또한 이 언약으로 인해서 전 세계에 사람들에게 영생의 기회가 부여되는 얼마나 귀한 언약이었는지, 다 알고 이해를 할 수 없었을 것이다. 그러나, 하나님의 사정을 다 자세히 알고 이해를 할 수는 없었음에도 불구하고, 하나님을 온전히 믿고 따라 준 아브라함의 믿음으로 인해서 지금 우리도 누릴 수 있는 이 엄청난 영생의 축복으로 인해서 감사하고 감격하지 않을 수가 없다.

17

이스라엘과의 언약

하나님께서 언약에 관하여서 이야기를 하시면서 아브라함에게 하신 예언의 말씀이 있었다. 창세기 15장 13, 14절의 "여호와께서 아브람에게 이르시되 너는 반드시 알라 네 자손이 이방에서 객이 되어 그들을 섬기겠고 그들은 사백 년 동안 네 자손을 괴롭히리니 그들이 섬기는 나라를 내가 징벌할지며 그 후에 네 자손이 큰 재물을 이끌고 나오리라"라는 말씀이다.

아브라함과의 언약을 하실 때 밝히셨던 예언 말씀 가운데에서 하나님의 구원의 프로젝트 내용이 들어 있다. 그것은 노아와의 언약이나 아브라함과의 언약은 개인과의 언약이었는 데 반해, 이후에 언약으로 이어 가실 대상은 나라이다. 언약의 대상이 개인에서 나라로 바뀌기 위한 하나님의 계획된 뜻이 있었다는 것이다.

결국, 하나님의 예언의 말씀대로 아브라함의 손자인 야곱의 12아들들을 통해서 12지파의 이스라엘 민족이 세워지게 되었고, 그들에게 모세를 통해서 하나님께서 그들의 하나님이 되실 것에 대해 출애굽기 6장 6-8절에서 설명하신다.

> 그러므로 이스라엘 자손에게 말하기를 나는 여호와라 내가 애굽 사람의 무거운 짐 밑에서 **너희를 빼내며**, 그들의 노역에서 **너희를 건지며** 편 팔과 여러 큰 심판들로써 **너희를 속량하여, 너희를 내 백성으로 삼고 나는 너희의 하나님이 되리니**, 나는 애굽 사람의 무거운 짐 밑에서 **너희를 빼낸 너희의 하나님 여호와인 줄 너희가 알지라** 내가 아브라함과 이삭과 야곱에게 주기로 맹세한 땅으로 너희를 인도하고 그 땅을 너희에게 주어 기업을 삼게 하리라 나는 여호와라 하셨다 하라

하나님의 계획은 아브라함과 언약을 맺으신 후에, 아브라함의 자손들로 한 나라를 만드셔서, 그 나라 전체를 하나님의 백성으로 만드실 계획이셨다. 노아 때에, 노아와 언약을 맺으신 후에 400년이 지났어도, 하나님께 전심으로 향한 자는 아브라함밖에는 없었다. 예언의 말씀대로 아브라함의 자손들이 애굽에서 객이 되어서 400년 동안 괴롭힘을 당하는 기간을 허락하시면서, 온 백성이 다 같이 무거운 짐 아래에 있을 때에, 한 사람만을 위한 구원의 역사가 아니라, 전 백성을 향한 구원의 역사를 펼치면서 그들이 모두 다 같이 하나님을 경험하도록

하고, 그들 모두의 하나님이 되고자 하셨던 것이었다.

결국 하나님께서 계획하셨던 대로, 이스라엘 백성들을 빼내시기 위해서, 인간이 상상할 수 없을 정도의 기적과 이사를 많이 보여 주셨고, 결국 그들을 애굽에서 빼내어 주셨다. 하나님의 엄청난 역사들을 백성 전체가 체험하고 애굽의 노역에서 구원을 받았기 때문에, 하나님을 경험한 이 백성들과 광야에서 언약을 맺으신다.

이들에게 특별한 많은 역사들을 통해서 온 백성이 하나님을 경험하도록 하시고, 이들에게 다른 신은 없으며, 유일하신 신이신 하나님의 백성이 되도록 하신 내용에 대한 말씀이 아래 말씀이다.

신명기 4:32-35

네가 있기 전 하나님이 사람을 세상에 창조하신 날부터 지금까지 지나간 날을 상고하여 보라 하늘 이 끝에서 저 끝까지 이런 큰 일이 있었느냐 이런 일을 들은 적이 있었느냐 어떤 국민이 불 가운데에서 말씀하시는 하나님의 음성을 너처럼 듣고 생존하였느냐 어떤 신이 와서 시험과 이적과 기사와 전쟁과 강한 손과 편 팔과 크게 두려운 일로 한 민족을 다른 민족에게서 인도하여 낸 일이 있었느냐 이는 다 너희의 하나님 여호와께서 애굽에서 너희를 위하여 너희의 목전에서 행하신 일이라 이것을 네게 나타내심은 여호

와는 하나님이시요 그 외에는 다른 신이 없음을 네게 알게 하려
하심이니라

출애굽기 34장 27-28절에 "여호와께서 모세에게 이르시되 너는 이
말들을 기록하라 내가 이 말들의 뜻대로 너와 이스라엘과 언약을 세웠
음이니라 하시니라 모세가 여호와와 함께 사십 일 사십 야를 거기 있으
면서 떡도 먹지 아니하였고 물도 마시지 아니하였으며 여호와께서는
언약의 말씀 곧 십계명을 그 판들에 기록하셨더라"라는 말씀이 있다.

이스라엘과의 언약의 내용은 여호와께서 판에 직접 기록을 해 주신
십계명의 내용이라는 것이다. 십계명의 내용은 출애굽기 20장 3-17절
에 있다.

출애굽기 20:3-17

너는 나 외에는 다른 신들을 네게 두지 말라 너를 위하여 새긴 우
상을 만들지 말고 또 위로 하늘에 있는 것이나 아래로 땅에 있는
것이나 땅 아래 물 속에 있는 것의 어떤 형상도 만들지 말며, 그
것들에게 절하지 말며, 그것들을 섬기지 말라 나 네 하나님 여호
와는 질투하는 하나님인즉 나를 미워하는 자의 죄를 갚되 아버지
로부터 아들에게로 삼사 대까지 이르게 하거니와, **나를 사랑하고
내 계명을 지키는 자에게는 천 대까지 은혜를 베푸느니라** 너는

네 하나님 여호와의 이름을 망령되게 부르지 말라 여호와는 그의
이름을 망령되게 부르는 자를 죄 없다 하지 아니하리라 안식일을
기억하여 거룩하게 지키라 엿새 동안은 힘써 네 모든 일을 행할
것이나, 일곱째 날은 네 하나님 여호와의 안식일인즉 너나 네 아
들이나 네 딸이나 네 남종이나 네 여종이나 네 가축이나 네 문안
에 머무는 객이라도 아무 일도 하지 말라 이는 엿새 동안에 나 여
호와가 하늘과 땅과 바다와 그 가운데 모든 것을 만들고 일곱째
날에 쉬었음이라 그러므로 나 여호와가 안식일을 복되게 하여 그
날을 거룩하게 하였느니라 네 부모를 공경하라 그리하면 네 하나
님 여호와가 네게 준 땅에서 네 생명이 길리라 살인하지 말라 간
음하지 말라 도둑질하지 말라 네 이웃에 대하여 거짓 증거하지
말라 네 이웃의 집을 탐내지 말라 네 이웃의 아내나 그의 남종이
나 그의 여종이나 그의 소나 그의 나귀나 무릇 네 이웃의 소유를
탐내지 말라

위의 십계명을 통한 언약의 말씀을 잊지 않고 지키도록 요구를 하면
서, 언약의 내용, 하나님의 요구하심을 모세가 설명을 하는 내용이 아
래의 말씀이다.

신명기 10:12-16
이스라엘아 **네 하나님 여호와께서 네게 요구하시는 것이 무엇이**

나 곧 네 하나님 여호와를 경외하여 그의 모든 도를 행하고 그를
사랑하며 마음을 다하고 뜻을 다하여 네 하나님 여호와를 섬기고
내가 오늘 네 행복을 위하여 네게 명하는 여호와의 명령과 규례
를 지킬 것이 아니냐 하늘과 모든 하늘의 하늘과 땅과 그 위의 만
물은 본래 네 하나님 여호와께 속한 것이로되, 여호와께서 오직
네 조상들을 기뻐하시고 그들을 사랑하사 그들의 후손인 너희를
만민 중에서 택하셨음이 오늘과 같으니라

또한 예수님께서도, 하나님께서 요구하시고 바라시는 이스라엘과
맺으신 언약의 가장 중요한 계명의 내용들을 설명해 주셨다.

마태복음 22:37-40

예수께서 이르시되 네 마음을 다하고 목숨을 다하고 뜻을 다하여
주 너의 하나님을 사랑하라 하셨으니, 이것이 크고 첫째 되는 계
명이요, 둘째도 그와 같으니 네 이웃을 네 자신 같이 사랑하라 하
셨으니, 이 두 계명이 온 율법과 선지자의 강령이니라

우리가 가지고 있는 구약에서의 이스라엘과 하나님의 언약을 통한
율법과 계명에 대한 잘못된 이미지는 바리새인들과 서기관들이 보여
주는 이미지와 흡사하다. 정작 하나님께서 바라신 것은 자신을 마음을
다해서 사랑해 주기를 바라시는 그런 마음이었던 것이었다.

하나님을 통해 언약의 내용을 듣고 이스라엘 백성에게 그 언약의 내용을 선포한 모세가 백성에게 당부를 하는 내용들을 보면, 계속해서 하나님을 사랑을 하라는 것을 강조를 하는 것을 볼 수 있다. 아래의 내용은 하나님을 사랑해야 하는 것에 대해 모세를 통해서 선포하신 말씀들이다.

출애굽기 20:6

"나를 사랑하고 내 계명을 지키는 자에게는 천 대까지 은혜를 베푸느니라"

신명기 5:10

"나를 사랑하고 내 계명을 지키는 자에게는 천 대까지 은혜를 베푸느니라"

신명기 6:5

"너는 마음을 다하고 뜻을 다하고 힘을 다하여 네 하나님 여호와를 사랑하라"

신명기 7:9

"…그를 사랑하고 그의 계명을 지키는 자에게는 천 대까지 그의 언약을 이행하시며…"

신명기 10:12

"…그를 사랑하며 마음을 다하고 뜻을 다하여 네 하나님 여호와를 섬기고…"

신명기 11:1

"그런즉 네 하나님 여호와를 사랑하여…"

신명기 11:13

"…너희의 하나님 여호와를 사랑하여 마음을 다하고 뜻을 다하여 섬기면"

신명기 11:22

"…너희의 하나님 여호와를 사랑하고 그의 모든 도를 행하여 그에게 의지하면"

신명기 19:9

"네 하나님 여호와를 사랑하고 항상 그의 길로 행할 때에는…"

신명기 30:6

"너로 마음을 다하며 뜻을 다하여 네 하나님 여호와를 사랑하게 하사…"

신명기 30:16

"…네 하나님 여호와를 사랑하고 그 모든 길로 행하며…"

신명기 30:20

"…네 하나님 여호와를 사랑하고 그의 말씀을 청종하며 또 그를 의지하라…"

이 외에도 하나님을 사랑하기를 요구하는 내용이 많이 있지만 위에 내용은 이스라엘과의 언약을 세울 당시 하나님의 계명을 하나님께 듣고 백성들에게 전달한 모세가 한 말들에 국한한 것이다.

이 세번째 언약, 이스라엘과의 언약을 이루시기 위해서 하나님께서는 이스라엘 백성 전체에게 엄청난 기적의 역사들을 베푸시고 그들을 노역하는 고통 가운데에서 구원을 하시면서 부탁하신 단 한 가지의 부탁이 그들이 하나님을 사랑하기를 부탁하신 것이었다. 정말 하나님을 사랑하는 길만이 우리가 영원한 생명을 얻고, 우리가 진정으로 구원을 얻을 수 있는 길이기에, 우리의 축복을 위해서 그렇게도 자신을 사랑을 하기를 부탁을 하셨는데….

그런 하나님의 진정한 마음을 제대로 알아 드리지 못하는 우리의 모습이 참 죄송하다.

18

언약과 제사장

지난 장에서 노아와 아브라함과의 언약은 개인과의 언약이었는 데 반해, 이스라엘과의 언약은, 언약의 관계로 이어 가실 대상이 나라라는 내용을 나눴었다. 언약의 대상이 개인에서 나라로 바뀔 수 있게 하기 위해서 하나님께서 특별히 계획을 하시고 역사하신 부분들이 있다는 뜻이 된다. 그래서, 하나님께서 구원의 프로젝트에 새로이 사용하신 특별한 내용들을 이스라엘과의 언약을 통해서 볼 수 있다. 아래 말씀에 이스라엘과의 언약을 통해 세우신 새로운 역사 내용에 대해 말씀을 하신다.

출애굽기 19:4-6

내가 애굽 사람에게 어떻게 행하였음과 내가 어떻게 독수리 날개로 너희를 업어 내게로 인도하였음을 너희가 보았느니라 세계가 다 내게 속하였나니 너희가 내 말을 잘 듣고 내 **언약**을 지키면 너희는 모든 민족 중에서 내 소유가 되겠고, 너희가 내게 대하여 **제**

사장 나라가 되며 거룩한 백성이 되리라 너는 이 말을 이스라엘 자손에게 전할지니라

이 말씀 가운데에서 분명히 볼 수 있는 것은, 하나님께서 엄청난 역사들을 이스라엘 백성들을 애굽에서 구원하기 위해서 베푸셨고, 또한 큰 기적과 이사로 그들을 인도하셨으며, 그것들을 통해서 하나님은 모든 세계를 소유하신 분이심을 그들에게 확실히 나타내 주셨다. 그리고 그것을 다 함께 경험한 백성들에게 그들이 언약을 지킨다면 자신의 백성으로 삼겠다는 초청을 하시고, 또한 그들이 제사장의 나라가 될 것이라는 말씀을 하셨다.

이번 언약을 통해서 나타나는 구원 프로젝트를 통한 새로운 내용 중에 하나가 제사장에 대한 것이다. 이스라엘 나라 전체를 제사장의 나라로 삼으실 것을 계획하셨고, 또 이스라엘 백성 가운데에서도 제사장을 세우셔서 하나님께서 바라시는 역할을 감당하도록 하시는 역사가 이스라엘과의 언약으로부터 시작을 한다.

하나님의 구원의 역사 가운데에 아주 중요한 부분을 차지하는 이 제사장에 관하여서, 그 역할과 의미와 뜻에 대해서 자세히 알 필요가 있다.

이스라엘과 언약을 하실 때 세우신 다른 언약 하나가 제사장 직분의 언약이다. 아론으로부터 제사장의 직분을 이어 가도록 명하셨고, 평화의 언약을 하신 것은 아론의 손자와 하셨다. 아론의 손자 비느하스가 이스라엘의 범죄한 자들에게 진노하며 처벌하여서 죄의 벌이 나라 전체에 미치지 않도록 한 일로, 영원한 제사장 직분의 언약을 그와 그의 후손들과 하실 것을 선포하셨다.

민수기 25:11-13

제사장 아론의 손자 엘르아살의 아들 비느하스가 내 질투심으로 질투하여 이스라엘 자손 중에서 내 노를 돌이켜서 내 질투심으로 그들을 소멸하지 않게 하였도다 그러므로 말하라 내가 그에게 내 평화의 언약을 주리니, 그와 그의 후손에게 **영원한 제사장 직분의 언약**이라 그가 **그의 하나님을 위하여 질투하여** 이스라엘 자손을 속죄하였음이니라

제사장과 선악에 대한 잘못된 개념으로 하나님을 오해하게 되는 경우가 많다. 앞에서도 언급하였는데 우리는 선악과를 먹은 죄인들이기 때문에, 선악과의 기준으로 선악을 분별을 한다. 그러나 하나님은 생명나무의 기준으로 선악을 분별을 하신다. (18)

우리는 각자의 도덕적 기준을 가지고 선악을 구별을 하고, 그 안에

서 선을 추구할 때에 그것이 하나님께 받아들여질 것이라고 생각을 한다. 이런 선악과의 기준으로 선악을 구별을 하면 이 세상에 모든 종교에서 착한 마음으로 선행을 하며 산 사람들은 영원한 생명을 얻을 수 있다는 결론이 나온다. 지금 세상 가운데에서 모든 종교들이 하나 되자며 주장을 하는 내용이다. 선악과의 열매는 죽음이다. 생명나무의 열매는 생명이다. 인간은 다 죄인이며, 어두움이다. 하나님만이 빛 되시기 때문에 하나님께 속할 때에만 빛 안에 생명을 누릴 수 있다.

비느하스와 세우신 언약을 통해 하나님의 선악에 대한 개념이 선악과를 따먹은 우리의 개념과 얼마나 다른지 알 수 있다. 아론의 손자 비느하스가 하나님의 마음을 얻게 된 상황에 대한 말씀이 민수기 25장 1-9절에 나온다.

민수기 25:1-9

이스라엘이 싯딤에 머물러 있더니 그 백성이 모압 여자들과 음행하기를 시작하니라 그 여자들이 자기 신들에게 제사할 때에 이스라엘 백성을 청하매 백성이 먹고 그들의 신들에게 절하므로, 이스라엘이 바알브올에게 가담한지라 여호와께서 이스라엘에게 진노하시니라 여호와께서 모세에게 이르시되 백성의 수령들을 잡아 태양을 향하여 여호와 앞에 목매어 달라 그리하면 여호와의 진노가 이스라엘에게서 떠나리라 모세가 이스라엘 재판관들에게 이르되 너희는 각각 바알브올에게 가담한 사람들을 죽이라 하니라 이스라엘 자손의 온 회중이 회막 문에서 울 때에 이스라엘 자손 한 사람이 모세와 온 회중의 눈앞에 미디안의 한 여인을 데리고 그의 형제에게로 온지라 제사장 아론의 손자 엘르아살의 아들 비느하스가 보고 회중 가운데에서 일어나 손에 창을 들고, 그 이스라엘 남자를 따라 그의 막사에 들어가 이스라엘 남자와 그 여인의 배를 꿰뚫어서 두 사람을 죽이니 염병이 이스라엘 자손에게서 그쳤더라 그 염병으로 죽은 자가 이만 사천 명이었더라

하나님께서 이스라엘과 언약을 맺으신 것은, 이스라엘 백성을 하나님의 백성으로 삼으시고 제사장의 나라로 삼으시기 위하여서였다. 그런데 위에서 이야기한 대로, 인간은 죄인들이며, 인간은 어두움이다. 하나님께 속하지 않는 한 인간은 죄로 인해 멸망할 수밖에 없다. 그래서 하나님께서는 할례를 하도록 하시고, 하나님께 속한 자들로 만들어 주셨다. 할례는 마음에 하는 것으로 "너희는 스스로 할례를 행하여 너희 마음 가죽을 베고 나 여호와께 속하라"라는 예레미야 4장 4절의 말씀처럼 육신적인 부분을 내어 버리고 여호와께 속하는 것이다. 그렇기 때문에, 여호와께 속하는 길만이 어두움으로 인해서 멸망을 받지 않는 길이다. 그런데, 민수기 25장에서 이스라엘이 모압 여자들과 음행을 시작하였고, 그들의 신에게 절을 하면서 모압의 신인 바알브올에 속하게 되는 사건이 생긴다. 이 일은 결국 하나님께 속한 제사장 나

라인 이스라엘이, 더 이상 하나님께 속한 나라가 되지 않게 되는 상황이 된다는 것이다. 이 일은 더 이상 하나님께서 제사장 나라인 이스라엘을 통해서 만민을 구원을 하실 구원의 프로젝트를 실행하지 못하게 될 수 있다는 것이다. 이 일은 하나님께서 영원히 세우는 언약을 세워가면서 영원한 생명을 인간들에게 주고자 하신 그의 역사를 막는 일이다. 그럴 때에, 제사장이었던 아론의 손자는 그러한 하나님의 사정을 알고, 하나님의 분노를 가지고 현장에서 그 죄의 역사가 진행이 되는 것을 그들을 처벌함으로 진압을 하였었던 것이었다. 위에 민수기 25장 13절 말씀에, "그의 하나님을 위하여 질투하여"라는 말씀이 있었다.

위의 내용을 보면, 우리의 선악과로 인한 잘못된 선악의 개념이 얼마나 하나님을 오해하도록 하는지를 볼 수 있다. 또한, 그러한 잘못된 개념 때문에 하나님의 사정을 이해를 할 수가 없다. 하나님의 사정을 이해하지 못하면 비느하스와 같이 하나님 편에서 하나님을 위해서 하는 행동을 할 수 없으며, 하나님께서 기뻐하시는 일이 아닌 하나님께서 미워하시는 일들만을 하면서도, 하나님을 위하여 산다고 오해를 하면서 살게 된다.

우리가 선악과의 개념을 가지고 생각을 하면 이해가 안되는 부분들이 있다. 이스라엘 주위에 많은 나라들이 있는데, 거기에 사는 백성들이 다 도덕적으로 나쁜 사람들만 있는 것은 아닐 것이다. 또한 이스라엘 백성들이 다 도덕적으로 착한 사람들인 것도 아닐 것이다. 다른 나라 사람들과 교류를 한 것이 그렇게도 큰 죄가 된다는 것을 선악과의 개념을 가지고는 이해를 할 수가 없다. 그런데, 성경의 말씀들을 자세히 알고 나면, 하나님께서 금하시는 것이 민족적인 것에 국한이 된 것이 아님을 알 수 있다.

출애굽기 12장 48, 49절에 이와 같이 말씀하신다.

> 너희와 함께 거류하는 타국인이 여호와의 유월절을 지키고자 하거든 그 모든 남자는 할례를 받은 후에야 가까이 하여 지킬지니 곧 그는 본토인과 같이 될 것이나 할례 받지 못한 자는 먹지 못할 것이니라 본토인에게나 너희 중에 거류하는 이방인에게 이 법이 동일하니라 하셨으므로

창세기 17장 14절에서는 "할례를 받지 아니한 남자 곧 그 포피를 베지 아니한 자는 백성 중에서 끊어지리니 그가 내 언약을 배반하였음이니라"라고 말씀하신다.

누가 그들의 조상이고, 어느 나라에서 태어났으며, 어디에서 살고 있느냐가 초점이 아니고, 여호와에게 속하고자 하는지, 하지 않는지, 그 마음을 보신다는 것이다. 이방인이라도, 하나님께 속하고자 하고,

하나님의 백성이 되고자 하고, 하나님의 백성의 표시로 할례를 받기 원한다면, 그들은 이스라엘 백성들과 같이 된다고 하시고, 이스라엘 백성이라고 하더라도, 하나님께 속하고자 하지 않는 자들은 백성에서 끊어진다고 하시는 말씀이다. 하나님의 백성 안에는 하나님께 속한 자들이 포함이 되는 것이고, 그러한 백성들로 제사장의 나라를 이루고자 하는데, 다른 나라의 다른 신을 섬기고 있는 사람들과 섞이는 것은, 하나님께 속하지 않게 되는 것이며, 제사장 나라를 세울 수 없는 상황이 되는 것임으로 하나님께서는 이를 허락하실 수 없는 것이었다.

이 내용을 종합해 보면, 우리의 선악의 기준에 의해서 도덕적으로 착한가, 악한가, 하는 생각은 영생을 얻는 것과 관련이 있는 것이 아닌 것을 확실히 알 수 있다. 착한 마음으로 선행을 하며 사는 이방인이라고 하더라도, 하나님의 백성이 되기를 원치 않고, 하나님께 속하기를 원치 않는다면, 하나님의 백성이 될 수 없는 것이고, 인간은 다 어두움이며, 하나님만이 빛이시기 때문에, 자신의 죄 가운데에서 구원을 받을 수는 없다는 말씀이시다.

그러면, 제사장을 하나님께서 세우신 것은 정확히 어떤 의도이고 어떤 목적인가? 먼저 하나님께서 바라는 제사장의 모습에 대해서 설명을 하신 성경 구절을 보며 그 뜻을 생각해 보겠다.

말라기 2:4-7

만군의 여호와가 이르노라 내가 이 명령을 너희에게 내린 것은
레위와 세운 나의 언약이 항상 있게 하려 함인 줄을 너희가 알리
라 레위와 세운 나의 언약은 생명과 평강의 언약이라 내가 이것
을 그에게 준 것은 그로 경외하게 하려 함이라 그가 **나를 경외하
고 내 이름을 두려워하였으며, 그의 입에는 진리의 법이 있었고
그의 입술에는 불의함이 없었으며 그가 화평함과 정직함으로 나
와 동행하며 많은 사람을 돌이켜 죄악에서 떠나게 하였느니라** 제
사장의 입술은 지식을 지켜야 하겠고 사람들은 그의 입에서 율법
을 구하게 되어야 할 것이니 제사장은 만군의 여호와의 사자가
됨이거늘

하나님께서 제사장의 언약을 세우셨던 것은, 위에서 설명한 것처럼,
아론의 손자요 레위 지파인 비느하스와 였다. 그를 기뻐하셨던 것에
대해서 여러가지로 나열을 하신다.

- 하나님을 경외하였다.
- 하나님의 이름을 두려워하였다.
- 그의 입에 진리의 법이 있었다.
- 그의 입술에 불의함이 없었다.
- 화평함과 정직함이 있었다.

- 하나님과 동행하였다.
- 많은 사람들을 돌이켜 죄악에서 떠나게 하였다.

그러면서, 하나님께서 바라시는 제사장의 모습에 대해서 설명을 하신다.

- 입술은 지식을 지켜야 하겠음.
- 사람들은 그의 입에서 율법을 구하게 되어야 함.
- 만군의 여호와의 사자가 되어야 함.

사람들로 생명인 율법의 말씀 가운데에 거하게 하면서 결국 영생을 얻는 축복의 길로 인도하는 하나님의 사자를 세우기를 원하셨던 것이, 제사장을 세우기 원하셨던 하나님의 의도였다.

이제는 조금 더 이해가 간다.

많은 백성 가운데에서 모든 사람들이 다 같은 마음일 수 없지만, 축복의 길로 인도해 주는 하나님의 사자들로 인해서 많은 사람들이 하나님의 영생의 축복을 받게 하기 원하신다는 뜻이 제사장을 세우신 하나님의 의도이고 계획이었던 것이었다.

그러면서, 아브라함을 통해서 구원 프로젝트를 알리셨을 때부터 벌써 설명을 해 주셨던, 하나님의 계획을 설명하는 말씀이 생각이 났다.

창세기 12장 3절의 말씀이다. "너를 축복하는 자에게는 내가 복을 내리고 너를 저주하는 자에게는 내가 저주하리니 땅의 모든 족속이 너로 말미암아 복을 얻을 것이라 하신지라"

하나님께서 땅의 모든 족속들에게 영원한 생명을 얻는 축복을 나누어 주고자 하시면서, 하나님의 축복을 전달하고 흘려보낼 축복의 통로를 준비를 하셨고 계획을 하셨던 것이었다. 축복의 통로를 세우시고자 하시고 축복의 통로를 통해서 많은 사람들을 축복받게 하고자 하셨던 것이 하나님께서 제사장을 세우신 의도이고 계획이었던 것이다.

하나님께 속한 자들이 축복의 통로가 되어서 다른 이들에게 축복을 흘려 주시기를 원하시는 하나님의 의도와는 다르게, 이스라엘과의 언약 이후에는 계속되는 불순종과 말씀을 거역하는 역사가 있었다. 그러함에도 불구하고 하나님께서는 온전히 언약을 이행하시고 성취하신 것이 우리 인류의 하나님의 구원의 역사이고, 그러한 내용들이 앞으로의 언약들을 통해서 나타나게 된다.

19

다윗과의 언약

　이스라엘과의 언약에 대해서 이야기를 할 때에 하나님께서 그렇게
도 하나님을 사랑을 하라고 명령을 하신 것은 우리를 사랑하셔서 우리
의 사랑을 받고자 하시는 마음 때문이기도 하지만, 우리의 축복을 위
해서 꼭 그렇게 해야 하는 사실에 대해서 이야기를 나눴다. 온 마음과
뜻과 힘을 다해서 하나님을 사랑하지 않으면 멸망할 수밖에 없는 처지
를 하나님께서는 너무나도 잘 아신다. 하나님 눈앞에서 살며, 하나님
께만 인정받기를 원하며, 하나님만을 두려워하면서 살지 않으면 세상
의 눈을 의식하게 되고, 세상에서 인정받는 것을 좋아가게 되며, 세상
을 두려워하게 될 수밖에 없다. 하나님을 사랑하지 않으면 외식하는
자가 될 수밖에 없고, 외식하는 자는 어두움에 속한 자임에도 맹인이
되어서 빛이신 하나님께 돌아올 수가 없다. 결국 멸망을 할 수밖에 없
다. 그래서 세상에서의 선택은 온 마음과 뜻과 힘을 다해서 하나님을
사랑하며 하나님만을 따르며 사는 삶의 선택밖에는 없다.

축복해 주시기 위해서 계속해서 하나님을 사랑하라고 외치셨지만, 정작 이스라엘 백성들은 계속해서 하나님께 불순종하였고, 그렇게 또 450년가량이 지났다. 계속되는 이스라엘 백성들의 불순종의 시간을 지나다가, 하나님께서는 자신의 마음에 합한 자를 찾으신다. 그에 관한 설명이, 사도행전에 나온다.

사도행전 13:17-22

이 이스라엘 백성의 하나님이 우리 조상들을 택하시고 애굽 땅에서 나그네 된 그 백성을 높여 큰 권능으로 인도하여 내사, 광야에서 약 사십 년간 그들의 소행을 참으시고, 가나안 땅 일곱 족속을 멸하사 그 땅을 기업으로 주시기까지 약 사백오십 년간이라 그 후에 선지자 사무엘 때까지 사사를 주셨더니, 그 후에 그들이 왕을 구하거늘 하나님이 베냐민 지파 사람 기스의 아들 사울을 사십 년간 주셨다가, 폐하시고 다윗을 왕으로 세우시고 증언하여 이르시되 내가 이새의 아들 다윗을 만나니 내 마음에 맞는 사람이라 내 뜻을 다 이루리라 하시더니

하나님의 사정을 이해해 드리고, 하나님의 율법의 참의미를 깨닫고, 하나님의 마음과 뜻에 나의 마음과 뜻을 맞추는 그런 사람을 하나님께서는 그토록 찾으셨는데….

아브라함이 하나님을 믿어 드리고, 하나님 편에서 온전히 따라 드렸을 때, 그것을 그렇게도 기뻐하시고, 그것으로 인해서 수백 년 동안 인간들에게 넘치는 사랑을 베푸셨는데….

비느하스가 하나님 편에서 화를 내고, 하나님 사정을 이해해서 대변하는 자가 되었을 때, 영원한 언약을 세우면서까지 그렇게 기뻐하셨는데….

그렇게 우리를 위해서, 우리를 축복하시기 위해서, 그토록 자신을 사랑하는 자를 기다리고 찾으시는 하나님께 참 죄송한 마음이 든다….

그래도 참 감사한 것이, 하나님께 순종한 다윗 단 한 사람을 통해서 우리 인류 전체가 너무나도 엄청난 축복을 누리게 되었다.

다윗과의 언약의 내용은 사무엘하 7장 8-16절에서 찾을 수 있다.

사무엘하 7:8-16

그러므로 이제 내 종 다윗에게 이와 같이 말하라 만군의 여호와께서 이와 같이 말씀하시기를 내가 너를 목장 곧 양을 따르는 데에서 데려다가 내 백성 이스라엘의 주권자로 삼고 네가 가는 모든 곳에서 내가 너와 함께 있어 네 모든 원수를 네 앞에서 멸하였은즉 땅에서 위대한 자들의 이름 같이 네 이름을 위대하게 만들어 주리라 내가 또 내 백성 이스라엘을 위하여 한 곳을 정하여 그를 심고 그를 거주하게 하고 다시 옮기지 못하게 하며 악한 종류로 전과 같이 그들을 해하지 못하게 하여, 전에 내가 사사에게 명령하여 내 백성 이스라엘을 다스리던 때와 같지 아니하게 하고 너를 모든 원수에게서 벗어나 편히 쉬게 하리라 여호와가 또 네게 이르노니 여호와가 너를 위하여 집을 짓고, 네 수한이 차서 네 조상들과 함께 누울 때에 내가 네 몸에서 날 네 씨를 네 뒤에 세워 그의 나라를 견고하게 하리라 그는 내 이름을 위하여 집을 건축할 것이요 나는 그의 나라 왕위를 영원히 견고하게 하리라 나는 그에게 아버지가 되고 그는 내게 아들이 되리니 그가 만일 죄를 범하면 내가 사람의 매와 인생의 채찍으로 징계하려니와, 내가 네 앞에서 물러나게 한 사울에게서 내 은총을 빼앗은 것처럼 그에게서 빼앗지는 아니하리라 네 집과 네 나라가 내 앞에서 영원히 보전되고 네 왕위가 영원히 견고하리라 하셨다 하라

네 집과, 네 나라와, 네 왕위가 영원히 견고하리라라고 하신 하나님의 약속이다. "다윗의 자손 예수여"를 외치게 된 것이, 여기에서의 하나님의 약속으로 인해서다.

다윗과의 언약을 보면서 우리가 느낄 수 있는 것은, 한 사람의 온전

한 순종이 세상에 얼마나 큰 영향을 미치게 되는가이다. 하나님께서 이스라엘과의 언약을 통해서 그들을 제사장의 나라로 삼으시고 모든 나라들을 구원하시고자 하셨다. 그들에게 하나님만을 사랑할 것을 계속해서 요구하셨고, 세상에 속하지 않고 하나님께 속할 것을 부탁하셨다. 그런데, 계속해서 불순종하고 마음이 하나님께로 향하지 못하고 세상으로 향하였다. 언약은 양쪽의 약속인데, 하나님께서 신실하게 약속을 지키시며 축복하시고자 하시는데, 우리 인간들은 약속을 계속해서 어기고 하나님을 사랑하기를 거부했다. 불순종으로 제사장 나라의 역할을 하지 못하였다. 그런데, 다윗의 믿음으로 인하여서, 그와의 언약으로 인하여서, 12지파를 이루는 이스라엘이 제사장 나라의 역할을 하지 못하였지만, 유다 지파, 다윗의 자손으로 이어지게 된 나라의 제사장 사역을 통해서, 온 세계에 미치는 엄청난 축복의 역사를 다 같이 체험을 할 수 있게 되었다.

참 다행이며, 엄청난 하나님의 은혜였음을 선포하지 않을 수가 없다.

엄청난 축복의 통로가 된 다윗의 믿음을 보면서 우리가 생각해 봐야 할 것이 참 많이 있다는 생각이 든다. 우리는 다윗의 시편의 시들로 찬양을 만들어서 하나님께 찬양을 드리고, 하나님의 마음에 합하자 다윗이라고 해서 성경 공부도 많이 한다. 그런데, 우리는 그의 신앙을 갖지 못했다. 전 세계에 축복의 통로가 되고 축복의 근원이 되는 그의 믿음의 역사가 우리의 삶 가운데 없다. 교회는 종교 모임이 되었고, 세상은 오히려 교회를 조롱을 하는 상황이 되었다. 어두움 가운데에 빛이어야 하는 하나님의 자녀들에게서 빛이 비치지를 않는다.

그런데, 여기서 발견할 수 있는 정확한 차이가 있다. 우리는 외식하는 자들이지만, 다윗은 외식하는 자가 아니었다는 것이다.

다윗의 시들 가운데에서 나타난 그의 선포는 그가 외식하는 자가 아님을 확실히 나타내 준다.

시편 7:9

"…의로우신 하나님이 사람의 마음과 양심을 감찰하시나이다"

다윗은 하나님께서 우리의 마음과 양심을 감찰하신 분이라는 사실을 인식하며 하나님 눈앞에서 살았다. 세상의 눈을 의식한 것이 아니고 하나님의 눈앞에서 살았기에, 외식하는 자가 아니었다.

시편 27:1

"여호와는 나의 빛이요 나의 구원이시니 내가 누구를 두려워하리요 여호와는 내 생명의 능력이시니 내가 누구를 무서워하리요"

세상의 어떤 것도 두려워하지 않고 하나님만 의지하는 자였기에 다윗은 외식하는 자가 아니었다.

시편 32:2

"마음에 간사함이 없고 여호와께 정죄를 당하지 아니하는 자는
복이 있도다"

하나님께서 우리의 영혼을 심판하시는 분임을 깨달은 다윗은 정죄하시고 심판하시는 하나님을 두려워하는 자였기 때문에 외식하는 자가 아니었다.

시편 33:15

"그는 그들 모두의 마음을 지으시며 그들이 하는 일을 굽어살피
시는 이로다"

다윗은, 마음과 하는 모든 일을 굽어살피시는 하나님을 매 순간 인식을 하며 사는 자였기에 외식하는 자가 아니었다.

시편 34:18

"여호와는 마음이 상한 자를 가까이 하시고 충심으로 통회하는
자를 구원하시는도다"

하나님 앞에 상한 마음과 통회하는 마음, 가난한 마음은 내가 낮아지고 하나님만을 높이는 마음이다. 하나님을 높이는 다윗은 외식하는 자가 아니었다.

시편 56:11
"내가 하나님을 의지하였은즉 두려워하지 아니하리니 사람이 내게 어찌하리이까"

하나님만 의지하고 사람을 두려워하지 않는 믿음을 가지고 있었기에 다윗은 외식하는 자가 아니었다.

시편 118:6
"여호와는 내 편이시라 내가 두려워하지 아니하리니 사람이 내게 어찌할까"

다윗은 세상 편에 섰던 자가 아니고 하나님 편에 섰던 자이다. 하나님 편에서 세상을 두려워하지 않는 다윗은 외식하는 자가 아니었다.

시편 119:113
"내가 두 마음 품는 자들을 미워하고 주의 법을 사랑하나이다"

두 마음을 품는 것은 외식이다. 그런데 다윗은 외식하는 마음을 미워하고 하나님의 법을 사랑한다고 외친다. 외식을 미워하는 다윗은 외식하는 자가 아니었다.

시편 139:23

"하나님이여 나를 살피사 내 마음을 아시며 나를 시험하사 내 뜻을 아옵소서"

자신의 마음을 시험하시기를 구하는 다윗의 마음 가운데에, 얼마나 이중적인 면이 없는 순수한 마음을 하나님께 드리기를 소원하는지를 알 수 있다. 온전한 마음을 하나님께 올려 드리기 원하는 그의 마음은 외식하는 마음이 아니었다.

다윗은 외식하는 자가 아니었기 때문에, 하나님을 온 마음을 다해서 사랑을 할 수 있었고, 하나님 편에서 하나님만을 의지할 수 있었고, 하나님의 축복의 통로로 쓰임을 받을 수 있었다.

우리의 마음을 살펴보고, 우리의 온전한 마음이 하나님께만 향하고 있는지를 살펴보고 감찰해 보는 것이 얼마나 중요한 일인지를 느끼지 않을 수 없다.

20

새 언약

다윗과의 언약 후에, 언약을 지키지 않고 불순종하고 하나님을 배반하는 역사는 계속해서 이어졌다. 이제는, 당연히 사람들이 언약을 이어 나가기 원치 않았던 것이기 때문에, 언약을 이루지 않으시더라도 하나님은 공의로운 하나님이심을 부인할 수 없을 것이다. 그러나 하나님께서는, 가장 어둡고 가장 하나님을 불순종하는 그때에, 여지까지 맺어 왔던 언약과는 다른 언약을 선포를 하신다.

지금까지는, 노아, 아브라함, 이스라엘, 다윗, 비느하스와 같이 인간들과 맺는 언약이었었다. 그런데, 이제는 하나님 자신이, 사람들의 편에서 지켜야 할 언약의 의무까지 직접 지키시면서 영원한 언약을 성취하신다는 선포를 하셨다. 이사야서 33장 22절에, "대저 여호와는 우리 재판장이시요 여호와는 우리에게 율법을 세우신 자시요 여호와는 우리의 왕이시니 우리를 구원하실 것임이니라"라는 예언의 말씀은, 여호와께서 직접 우리의 재판장과 왕이 되어 주셔서 우리를 구원해 주신다는 약속이다. 또한, 시편 110편 4절에는, "…멜기세덱의 서열을 따라 영원한 제사장이라 하셨도다"라고 말씀을 하셨다. 이제는 축복의 통로인 제사장의 역할을 하나님 측에서 직접 감당하셔서, 영원한 생명을 얻을 수 있는 길을 인간들에게 여신다는 선포를 하신 것이다.

영원한 제사장이 있다는 것은, 인간들에게 영원한 축복의 통로를 열어 주셨다는 말씀이다. 노아와 언약을 맺기 전에 하나님께서 "땅 위에 사람 지으셨음을 한탄하시고 근심"(창세기 6:6)하였음에도 불구하고, 인간에게 영원한 생명을 주기로 결심하신 후, 언약을 계속해서 세워 가시면서 구원의 프로젝트를 진행을 해 오셨던 하나님께서, 결국 그 역사의 마지막에는 사람과의 언약이 아닌, 자신을 다 내어 주시면서 만드신 영원한 축복의 통로, 영원한 제사장을 세워 주셔서, 결국은 인간으로 영원한 생명을 누릴 수 있는 축복을 주셨다는 것이다.

하나님의 새 언약에 대한 약속은 여러 예언서를 통해서 선포를 되었다.

예레미야 31:31-33

여호와의 말씀이니라 보라 날이 이르리니 내가 이스라엘 집과 유다 집에 새 언약을 맺으리라 이 언약은 내가 그들의 조상들의 손을 잡고 애굽 땅에서 인도하여 내던 날에 맺은 것과 같지 아니할 것은 내가 그들의 남편이 되었어도 그들이 내 언약을 깨뜨렸음이라 여호와의 말씀이니라 그러나 그 날 후에 내가 이스라엘 집과 맺을 언약은 이러하니 곧 내가 나의 법을 그들의 속에 두며 그들의 마음에 기록하여 나는 그들의 하나님이 되고 그들은 내 백성이 될 것이라 여호와의 말씀이니라

하나님의 새 언약의 내용의 주제는 마음이다. 우리의 마음에 하나님께서 직접 역사를 하신다는 그런 내용이다.

그런데, 새 언약의 내용은 이해를 하기가 쉽지 않다. 도대체 어떻게 하여서, 여지까지 하나님을 온 마음 다해 사랑하고 경외하는 것이 가능하지 않았던 사람들에게, 이제는 그들의 마음에 하나님의 법을 넣어주신다는 것이며, 어떻게 그들이 그 언약을 이제는 깨뜨리지 않을 것이라고 확신할 수 있을까?

다른 말씀에서도 우리의 마음에 역사하시는 내용에 대해서 설명하신다.

예레미야 32:38-41
그들은 내 백성이 되겠고 나는 그들의 하나님이 될 것이며, 내가 그들에게 한 마음과 한 길을 주어 자기들과 자기 후손의 복을 위

하여 항상 나를 경외하게 하고, 내가 그들에게 복을 주기 위하여
그들을 떠나지 아니하리라 하는 영원한 언약을 그들에게 세우고
나를 경외함을 그들의 마음에 두어 나를 떠나지 않게 하고, 내가
기쁨으로 그들에게 복을 주되 분명히 나의 마음과 정성을 다하여
그들을 이 땅에 심으리라

하나님께서 그들에게 한 마음과 한 길을 주신다고 하신다. 그들에게
마음을 주시는 주어가 하나님이시다. 또한 경외함도 그들 마음에 하나
님께서 두겠다고 하신다. 그리고 하나님께서 직접 마음과 정성을 다하
여 그들을 이 땅에 심으실 것을 선포하셨다. 이 말씀에서도, 어떻게 그
런 일을 이루실 수 있을지에 대한 의문을 배제할 수 없다.

이사야 59:21

여호와께서 이르시되 내가 그들과 세운 나의 언약이 이러하니 곧
네 위에 있는 나의 영과 네 입에 둔 나의 말이 이제부터 영원하도
록 네 입에서와 네 후손의 입에서와 네 후손의 후손의 입에서 떠
나지 아니하리라 하시니라 여호와의 말씀이니라

이 말씀에서는 하나님의 영에 대한 말씀을 하신다. 하나님의 영과
하나님의 말이 영원토록 우리의 입에서 떠나지 않도록 하나님께서 하
신다는 약속의 말씀이다.

에스겔 37:26-27

내가 그들과 화평의 언약을 세워서 영원한 언약이 되게 하고 또 그들을 견고하고 번성하게 하며 내 성소를 그 가운데에 세워서 영원히 이르게 하리니, 내 처소가 그들 가운데에 있을 것이며 나는 그들의 하나님이 되고 그들은 내 백성이 되리라

또한, 이 말씀을 통해서 하나님의 처소가 우리들 가운데에 있을 것을 말씀하셨다. 그럼으로 해서 하나님께서 우리의 하나님이 되고 우리는 하나님의 백성이 될 것을 선포하셨다.

위에 새 언약에 관한 예언의 말씀들을 읽으면서, 이것은 우리가 하는 것이 아니고, 온전히 하나님께서 하시는 역사라는 생각을 하였다. 하나님께서 우리의 마음에 역사를 하시고, 하나님의 말씀을 우리 마음에 넣어 주시고, 하나님의 영을 우리 입에서 떠나지 않게 하시고, 하나님을 경외함을 우리의 마음에 두시며, 하나님의 처소를 우리 가운데 있게 하실 것이라는, 하나님께서 직접 이루실 일들을 선포를 하신 것이다.

언약은 양쪽에서 하는 약속인데, 하나님께서는 우리의 부족함 때문에 감당할 수 없는 우리의 의무까지도 직접 자신이 감당하시면서 결국은 영원한 언약을 성취하신다는 말씀이다.

그런데 어떻게 하실 수 있을까 하는 생각을 하지 않을 수 없다.

그것을 이루신 내용은, 신약성경 가운데에서 찾을 수 있다.

로마서 8:1-4

그러므로 이제 그리스도 예수 안에 있는 자에게는 결코 정죄함이 없나니, 이는 그리스도 예수 안에 있는 생명의 성령의 법이 죄와 사망의 법에서 너를 해방하였음이라 율법이 육신으로 말미암아 연약하여 할 수 없는 그것을 하나님은 하시나니 곧 죄로 말미암아 자기 아들을 죄 있는 육신의 모양으로 보내어 육신에 죄를 정하사, 육신을 따르지 않고 그 영을 따라 행하는 우리에게 율법의 요구가 이루어지게 하려 하심이니라

그리스도 예수 안에 있는 생명의 성령의 법으로만 가능하다는 말씀이시고, 육신을 따르지 않고 영을 따라 행하는 자들에게 이루어지는 역사라는 말씀이다.

또한 고린도후서 5장 21절에서도, "하나님이 죄를 알지도 못하신 이를 우리를 대신하여 죄로 삼으신 것은 우리로 하여금 그 안에서 하나님의 의가 되게 하려 하심이라"라고 설명을 하시면서, 예수님 안에서는 하나님의 의가 될 수 있음을 말씀하신다.

결국 새 언약을 어떻게 이루시는지에 대한 내용은 성령님의 사역과 예수님의 사역으로 나타난다는 그런 뜻이다. 인류의 전체 역사를 통해서 베풀어 오신 하나님의 구원의 프로젝트를 결국 성취를 하시는 것은 성령님과 예수님의 사역을 통해서였다. 우리가 예수님과 성령님의 사역을 인류를 향한 구원 사역을 이어 오신 하나님의 관점으로 바라볼 수 있게 될 때, 하나님을 더욱더 알고 이해하게 될 수 있을 것이다. 다음 장은, 결국 언약을 이루신 하나님의 역사를 예수님과 성령님의 사역을 통해서 알아보는 시간이 될 것이다.

21

언약의 성취

지난 장에서, 하나님께서 계속되는 사람들의 불순종과 배반에도 불구하고, 하나님께서 사람들이 지켜야 할 의무까지도 직접 감당하시면서 언약을 지키셔서, 결국 영원한 언약을 성취할 수 있도록 새 언약을 선포하신 내용에 대해서 이야기를 나누었다. 또한 그 새 언약의 성취는 예수님과 성령님의 역사를 통해서 하셨다는 이야기도 나누었다.

그럼, 어떻게 하나님께서 반드시 죽으리라고 하신 저주에 묶여서 우리는 도저히 영원한 생명을 얻을 길이 없었는데, 그 길을 결국 가능케 하셨는지를 예수님께서 감당을 하신 부분과 성령님께서 감당을 하신 부분들을 살펴보면서 알아보겠다.

하나님께서는, 노아, 아브라함, 이스라엘, 그리고 다윗과의 언약을 세우실 때에, 영원히 세우는 언약이라는 말씀을 계속해서 하셨다. 그러나, 우리는 반드시 죽으리라는 저주에 갇혀 있는 죄인들이기 때문에, 죄의 문제가 해결이 되기 전에는 영원한 생명을 얻을 수 없음으로, 애초부터 인간은 영원한 언약의 대상자가 될 수 없었다. 하나님을 의지하고 믿고, 하나님께 속하는 것을 의로 하나님께서 인정해 주시는 새로운 기준을 세워 주셨지만, 그 기준이 이행이 되기 위해서는, 저주 안에 묶인 우리의 죄가 사해지는 피 흘림이 있어야 했다.

하나님께서 이스라엘과의 언약을 세우시면서 자세한 제사 율법을 세우시고, 짐승의 피를 흘리게 하여서 사람들의 죄를 씻도록 하는 예식들을 하도록 명령하셨는데, 그것이, 죄의 문제를 안고 있는 우리에게 새 언약을 이루시기 전까지의 우리의 죄 문제를 해결하는 임시적인 방법이었다.

이러한 내용이 히브리서 9장에 자세히 설명이 되어 있다.

히브리서 9:18-20

이러므로 첫 언약도 피 없이 세운 것이 아니니, 모세가 율법대로 모든 계명을 온 백성에게 말한 후에 송아지와 염소의 피 및 물과 붉은 양털과 우슬초를 취하여 그 두루마리와 온 백성에게 뿌리며, 이르되 이는 하나님이 너희에게 명하신 언약의 피라 하고, 또한 이와 같이 피를 장막과 섬기는 일에 쓰는 모든 그릇에 뿌렸느니라 율법을 따라 거의 모든 물건이 피로써 정결하게 되나니 피

흘림이 없은즉 사함이 없느니라

피 흘리는 것이 없이는 사함이 없기 때문에, 언약의 피라 하여서, 짐
승의 피로 사람들의 죄를 사하는 것을 일시적으로 이어 가고 있었던
내용을 설명하는 말씀이다.

그리고 아래의 말씀을 통해서, 일시적으로 이어오던 짐승의 피로 인
한 죄사함의 문제를 예수님의 피 흘림을 통하여서 영원한 죄사함을 누
리도록 하시고, 결국 영원한 기업을 약속받을 수 있는 자들로 우리를
만들어 주신 역사를 설명하시는 내용이다.

히브리서 9:13-15

염소와 황소의 피와 및 암송아지의 재를 부정한 자에게 뿌려 그
육체를 정결하게 하여 거룩하게 하거든, 하물며 영원하신 성령으
로 말미암아 흠 없는 자기를 하나님께 드린 그리스도의 피가 어찌
너희 양심을 죽은 행실에서 깨끗하게 하고 살아 계신 하나님을 섬
기게 하지 못하겠느냐 이로 말미암아 그는 새 언약의 중보자시니
이는 첫 언약 때에 범한 죄에서 속량하려고 죽으사 부르심을 입은
자로 하여금 영원한 기업의 약속을 얻게 하려 하심이라

위의 말씀을 통해서, 새 언약을 이루기 위한 예수님의 사역을 설명

을 하시면서, 정확하게 예수님을 새 언약의 중보자라고 설명을 하신다. 반드시 죽으리라는 저주에 묶였었던 우리가, 그리스도의 피를 통하여서, 새 언약을 영원히 누릴 수 있는 축복을 받게 된 것에 대해서도 설명을 해 주셨다. 전능하신 하나님 조차도 자신이 하신 말씀에 어긋나는 어떠한 행동도 하실 수 없었기에, 반드시 죽으리라는 저주에 묶였던 우리에게 영원한 생명을 주시기 위해서, 하나님 쪽에서 직접 피를 흘려서 죄의 값을 감당을 하시고서야, 우리가 그 저주에서 풀릴 수 있는 길이 열렸다는 것이다.

마태복음 26장 28절에 예수님께서 직접 이루신 언약의 성취에 대해서 말씀을 하신다. "이것은 죄 사함을 얻게 하려고 많은 사람을 위하여 흘리는 바 나의 피 곧 언약의 피니라" 또한 고린도후서 5장 21절에서 "하나님이 죄를 알지도 못하신 이를 우리를 대신하여 죄로 삼으신 것은 우리로 하여금 그 안에서 하나님의 의가 되게 하려 하심이라"라고 말씀을 하시면서, 우리의 해결될 수 없었던 죄의 문제를 해결받게 하시기 위해서 죄 없으신 예수님께서 우리의 죄 문제를 감당하셨고, 그러므로 인해서 우리는 하나님께 속하고 하나님을 믿을 때 의로 인정이 될 수 있는 길을 하나님께서 열었다는 내용이다.

예수님께서 도저히 해결이 될 수 없었던 우리의 죄의 문제를 자신이 피를 흘리심으로 인해서 해결하시고 새 언약의 중보자가 되셨다는 것까지는 이해가 간다. 그런데, 하나님께서 우리의 마음에 역사를 하시고, 하나님의 말씀을 우리 마음에 넣어 주시고, 하나님의 영을 우리 입에서 떠나지 않게 하시고, 하나님을 경외함을 우리의 마음에 두시며, 하나님의 처소를 우리 가운데 있게 하실 것이라는 예언서를 통한 약속은 어떻게 이루어지는지 아직 이해가 가지 않는다.

> **요한복음 7:37-39**
>
> 명절 끝날 곧 큰 날에 예수께서 서서 외쳐 이르시되 누구든지 목마르거든 내게로 와서 마시라 나를 믿는 자는 성경에 이름과 같이 그 배에서 생수의 강이 흘러나오리라 하시니, 이는 그를 믿는 자들이 받을 성령을 가리켜 말씀하신 것이라 (예수께서 아직 영광을 받지 않으셨으므로 성령이 아직 그들에게 계시지 아니하시더라)

이 성경말씀은 예수님의 사역과 성령님의 사역이 어떻게 연결되는지 잘 설명해 준다. 성령님이 우리 안에 임하시게 되는 방법은, 그 사람이 예수님을 믿게 되었을 때이다. 예수님께서 승천하시고 나신 이후 성령님께서 임하시게 된 때부터, 사람들이 예수님을 믿게 되면, 그 사람 안에 성령이 임하셔서, 새 언약으로 약속하신 하나님의 영이 우리 마음에 오시고, 하나님의 말씀과 하나님을 경외함이 우리의 마음 가운데 있게 하시겠다는 말씀을 이루신다는 것이다.

요한복음 14:16, 17

내가 아버지께 구하겠으니 그가 또 다른 보혜사를 너희에게 주
사 영원토록 너희와 함께 있게 하리니, 그는 진리의 영이라 세상
은 능히 그를 받지 못하나니 이는 그를 보지도 못하고 알지도 못
함이라 그러나 너희는 그를 아나니 그는 너희와 함께 거하심이요
또 너희 속에 계시겠음이라

예수님께서 떠나시고 나셔서 보내 주신 하나님의 영, 진리의 영이
우리 속에 계실 것이라는 설명이다.

로마서 8:9-11

만일 너희 속에 하나님의 영이 거하시면 너희가 육신에 있지 아
니하고 영에 있나니 누구든지 그리스도의 영이 없으면 그리스도
의 사람이 아니라 또 그리스도께서 너희 안에 계시면 몸은 죄로
말미암아 죽은 것이나 영은 의로 말미암아 살아 있는 것이니라
예수를 죽은 자 가운데서 살리신 이의 영이 너희 안에 거하시면
그리스도 예수를 죽은 자 가운데서 살리신 이가 너희 안에 거하
시는 그의 영으로 말미암아 너희 죽을 몸도 살리시리라

예수님이 떠나시고 우리 안에 거하시게 된 진리의 영, 곧 그리스도
의 영이 우리 안에 계실 때, 우리는 죽을 수밖에 없는 저주에서 해방되

고 영원한 생명을 누릴 수 있게 되는 것에 관한 말씀이다.

그리고, 그리스도의 영이 계시는 자들은 예수님께서 감당하셨던 사역을 부여받는다. 그것이 바로 제사장의 사역이다.

베드로전서 2:5
너희도 산 돌 같이 신령한 집으로 세워지고 **예수 그리스도로 말미암아** 하나님이 기쁘게 받으실 신령한 제사를 드릴 거룩한 **제사장이 될지니라**

베드로전서 2:9
그러나 너희는 택하신 족속이요 **왕 같은 제사장들이요** 거룩한 나라요 그의 소유가 된 백성이니 이는 너희를 어두운 데서 불러 내어 **그의 기이한 빛에 들어가게 하신 이의 아름다운 덕을 선포하게 하려 하심이라**

요한계시록 1:6
그의 아버지 하나님을 위하여 우리를 나라와 **제사장으로 삼으신** 그에게 영광과 능력이 세세토록 있기를 원하노라 아멘

요한계시록 20:6

이 첫째 부활에 참여하는 자들은 복이 있고 거룩하도다 둘째 사망
이 그들을 다스리는 권세가 없고 도리어 그들이 하나님과 **그리스**
도의 제사장이 되어 천 년 동안 그리스도와 더불어 왕노릇하리라

예수 그리스도를 믿음으로 인해서 성령이 그 안에 임한 사람들은,
그리스도의 제사장이 되어서, 하나님의 위대하심과 아름다운 덕을 선
포를 하는 일을 하도록 하게 하신다고 말씀하셨다. 결국 지난 장들에
서 이야기를 한 대로, 하나님의 축복을 전달하고 흘려보낼 축복의 통
로인 제사장의 역할을 그리스도의 영을 가진 자들을 통해서 감당하게
하신다는 내용이다.

하나님의 구원 프로젝트가 결국 예수님의 역할과 성령님의 역할로
성취가 되고, 또한, 하나님의 영을 마음에 받은 하나님의 백성들이 축
복의 통로의 역할인 제사장의 직분을 감당하게 하심으로 인해서 영원
한 생명을 도저히 얻을 수 없는 인간들에게 축복의 길을 마련하시고,
하나님의 언약을 성취를 하셨다.

그런데, 하나님의 언약을 통한 구원의 역사를 돌아보면서 우리를 돌
아보지 않을 수가 없다. 하나님께서 우리의 하나님이 되시고 우리는
그의 백성이 되기 위한 기준이 우리가 생각을 하는 기준과는 많이 다

르다는 생각을 하지 않을 수 없다.

하나님의 백성이 되기 위해서, 예수님께서 오시기 전에는 온 몸과 마음과 뜻과 힘을 다하여서 하나님만을 사랑하고, 세상을 의지하는 것이 아니라 하나님만 의지하고, 세상을 두려워하지 않고 하나님만 두려워하면서 하나님께 속한 자가 되어야 했다. 그런데, 예수님께서 오시고 나서는 예수님을 믿고 성령을 받게 되면 하나님의 백성이 된다. 예수를 구주로 고백을 한 그리스도 인들은 다 하나님의 백성이라는 믿음을 가지고 살고 있다.

여기에서 문제를 발견할 수 있다. 예수님이 구주라고 하면 예수님이 내 삶의 주인이시기 때문에, 당연히 내 마음은 온 몸과 마음과 뜻과 힘을 다해서 하나님을 사랑하고 세상을 의지하지 않고 하나님만을 두려워하면서 살 수밖에 없다. 또한, 예수님을 구주로 영접한 자는 내가 사는 것이 아니고 내 안에 예수님께서 사시는 것이기에, 당연히 세상을 두려워하지 않고 온전히 하나님께 속한 자들이 될 수밖에는 없다.

그런데, 온 인류의 역사 가운데 행하셔서 이루신 하나님의 언약의 성취가 우리 그리스도인의 삶을 통해서 나타나는가를 살펴볼 때, 불순종하던 이스라엘 백성의 모습과 다를 것이 없다. 새 언약을 주시고, 자신이 우리 대신 피 흘려서 죄값을 감당해 주시고, 모든 언약을 이루어 주셨는데, 하나님의 백성이라고 자칭을 하는 그리스도인에게서 성령의 마음을 찾을 수가 없다.

하나님 말씀에 문제가 있을 수 있는 것이 아니기 때문에, 우리는 우리의 문제를 꼭 돌아보아야 한다. 새 언약의 축복을 받은 자들인가? 제사장의 삶을 살고 있는가? 세상을 두려워하지 않고 하나님만을 두려워하면서 살고 있는가? 우리는 진정 하나님의 백성들인가? 이 질문들은 우리에게 너무 중요한 질문들이다.

22

시험하고 확증하라

하나님의 언약을 통한 우리를 위해 하신 엄청난 사랑과 인내와 인자하심을 살펴보면서, 그의 위대하심에 감탄을 하지 않을 수 없었다. 하지만, 하나님께서 이루신 새 언약이, 하나님의 백성이라고 말하는 그리스도인들의 삶을 통해서 이루어지고 있는지에 대해서 생각해 볼 때, 하나님의 말씀의 성취의 모습을 보기가 쉽지 않다. 또한, 하나님의 백성의 마음에 하나님의 영과, 하나님의 말씀과, 하나님을 경외함을 넣어 주신다는 새 언약의 약속이, 지금의 하나님의 백성인 그리스도인의 마음 가운데에서 찾는 것도 쉽지가 않다.

그러면서, 우리의 믿음을 다시 한번 돌아보는 시간을 갖는 것은 너무나도 중요하다는 생각을 하였다. 고린도후서 13장 5절에는, "너희는 믿음 안에 있는가 너희 자신을 **시험하고** 너희 자신을 **확증하라**"라는 말씀이 있다. 너무나도 중요한 말씀이다. 우리는 아직까지 회개할 기회가 남아 있는 때에 살기 때문이다. 회개할 기회가 없을 때가 곧 올 것이다. 회개할 수 있기 때문에 "지금은 은혜 받을 만한 때요 보라 지금은 구원의 날이로다"(고린도 후서 6:2)라고 선포할 수 있는 것이다.

분명히 현재 우리 기독교인들의 모습이 하나님께서 바라시는 모습이 아니라는 것은 누구도 부인을 할 수 없다. 그런데, 문제를 파악해 보고, 문제를 찾고, 또한 그러한 문제를 해결을 하려고 하고 있는지를 생각을 해 보면, 그렇지가 않다. 많은 사람들이 생각을 하는 것이, 많은 성경 학자들이 그렇게 성경을 연구하고, 많은 지도자들이 그렇게 기도를 많이 하여서 기독교가 이렇게까지 커졌는데, 모든 것을 다 문제를 삼으려고 할 필요가 있나 하는 생각을 한다. 그런데, 성경을 연구하는 우리의 열심이 바리새인들을 따를 수가 없을 것이고, 기도하며 자신을 성경 쓰는 데에 헌신한 서기관들을 따를 수가 없을 것이다. 그렇다고 그들이 바른길에 서 있는 것은 아니었다.

우리는 하나님을 위한 신앙생활을 하는 것보다, 나를 위한 신앙생활을 하는 경우가 더 많다. 그래서, 머리 아프게 문제를 파고들지 않고, "여기가 좋사오니" 하면서 그 자리에서 최선을 다하며 신앙생활을 잘하여서 내 자신이 잘했다고 만족할 만한 모습을 만드는 것을 좋아한다.

누가복음 13장 23-24절에, "어떤 사람이 여짜오되 주여 구원을 받는 자가 적으니이까 그들에게 이르시되, 좁은 문으로 들어가기를 힘쓰라 내가 너희에게 이르노니 들어가기를 구하여도 못하는 자가 많으리라" 라고 하셨다. 그런데, 우리는 좁은 문으로 들어가려고 하지도 않고, 또한 구원받는 자가 적을 것이라고 생각하지도 않는다.

또한, 베드로전서 4장 17-18절에, "하나님의 집에서 심판을 시작할 때가 되었나니 만일 우리에게 먼저 하면 하나님의 복음을 순종하지 아니하는 자들의 그 마지막은 어떠하며 또 의인이 겨우 구원을 받으면 경건하지 아니한 자와 죄인은 어디에 서리요"라고 말씀하신다. 성경에서는 구원을 받는 것을 우리가 생각하는 것과 많이 다르게 이야기하지만 신경을 쓰지 않는다.

그리고, 누가복음 18장 8절에, "…그러나 인자가 올 때에 세상에서 믿음을 보겠느냐 하시니라"라는 말씀이 있다. 세상에서 믿음 있는 자들을 찾기가 이렇게 힘들 것을 성경에서 이야기하는데, 지금 기독교인들은 다 믿음이 있다고 생각하고 그 믿음으로 구원을 얻었다고 생각한다.

전편의 내용들을 역사를 통해서 알게 되고 확인하게 되면서, 우리가 하나님을 너무나도 몰랐고, 하나님을 두려워하는 마음이 너무나도 없었으며, 하나님께서 기뻐 받으시는 기준을 실제 하나님께서 세우시는 것보다 하염없이 낮게 세우고 살고 있었고, 지금도 눈이 감긴 맹인의 모습으로 살고 있다는 사실을 깨달았다.

순교를 당해 가면서 믿음을 지키던 믿음의 선조들의 신앙의 메시지는, 어두움의 세력에 의해서 태워지고, 버려지고, 변질되었는데, 우리는 그것을 몰랐고, 큰 교회, 큰 조직, 그리고 큰 협회들을 만들어 가면서, 기독교의 영향력이 이렇게 커지고 발전을 하고 있구나 하면서 만족을 하고 있었다. 그러나 역사 가운데에서 남은 믿음의 메시지에 우리를 비추어 볼 때, 우리의 믿음이 하나님께서 기뻐 받으실 믿음이 아니라는 사실을 더욱더 확실히 깨달을 수가 있었다.

믿음의 조상들의 역사와 글들을 보더라도, 하나님께서 선포하신 말씀들을 보더라도, 하나님은 온 몸과 마음과 뜻과 힘을 다 하여서 하나님을 사랑하고, 세상을 두려워하지 않고 하나님만을 두려워하면서, 죽으면 죽으리라는 마음으로 매 순간 하나님 앞에 나를 내려놓는 믿음의 삶, 그것이 하나님의 기준이라는 것이다.

이 세상 모든 사람들에게 그렇게 까지 높은 기준을 세우시지는 않을 수도 있지 않을까 하는 생각으로 모든 성경말씀들을 찾아보아도, 성경의 단 한 구절로도 그러한 하나님의 기준보다 낮은 헌신이 믿음으로 인정이 된 것을 찾을 수가 없었다.

현재 우리의 상태는, 예수님께서 다시 오실 때에 멸망을 받을 대상도 인정이 되고, 그 대상이 외식하는 자들의 세력이라는 것도 인정이 되고, 또 그 외식으로 인해서 모든 세상 사람들을 어둠의 편에 서게 할 것이라는 것도 인정이 되는 상태이다. 그런데, 어떻게 하는 것이 우리가 어두움의 세력에서 온전히 나와서 하나님의 편에 서게 되는 것인지, 그것에 대해서 다시 한번 두드려 보고 싶다. 당연히 목숨을 다 바쳐서 하는 헌신으로 하나님을 매 순간 사랑하면서 산다면 그것은 이런 걱정할 필요도 없이 좋은 것이지만, '꼭 그렇게까지 하는 것만이 유일한 길인가?' 하는 의심이 든다.

그런 우리의 마음에 하나님께서 직접 말씀을 하시고 확증해 주실 수 있도록 우리의 상황을 말씀으로만 비추어 보고, 말씀으로만 확증하여서 어떤 의심도 생기지 않는 그런 헌신을 할 수 있는 기회를 가져 보아야 하겠다.

23

그리스도인인가?

우리가 성경을 통해서 하나님께서 받으시는 믿음에 대해서 확인을 해 보고자 하는 것은, 우리의 마음에는 진정으로 영원한 생명을 소원하는 마음이 있기 때문이다. 이 짧은 세상에서 아무리 부귀영화를 누린다고 하더라도, 하나님께서 사시는 왕국에서 영원히 사는 삶과는 비교를 할 수 없기 때문에, 우리는 이 세상에서 꼭 하나님이 주시는 영원한 생명을 소유하게 되기를 바란다. 예수님께서는 천국의 비밀을 아는 것이 누구에게는 허락이 되었고, 또 누구에게는 허락이 되지 않았다고 하셨다. 마태복음 13장 11절에 "천국의 비밀을 아는 것이 너희에게는 허락되었으나 그들에게는 아니 되었나니"라고 하시면서, 천국의 비밀을 아는 것이 허락된 이들이 있는 반면 또한 허락되지 않은 자들도 있다는 것을 말씀을 하셨다. 그 말씀에 배경을 살펴보기 위해서 관련 구절들을 모아 보았다.

마태복음 13:11-15

대답하여 이르시되 천국의 비밀을 아는 것이 너희에게는 허락되었으나 그들에게는 아니되었 나니, 무릇 있는 자는 받아 넉넉하게 되되 없는 자는 그 있는 것도 빼앗기리라 그러므로 내가 그들에게 **비유**로 말하는 것은 그들이 보아도 보지 못하며 들어도 듣지 못하며 깨닫지 못함 이니라 이사야의 예언이 그들에게 이루어졌으니 일렀으되 너희가 듣기는 들어도 깨닫지 못할 것이요 보기는 보아도 알지 못하리라 이 백성들의 마음이 완악하여져서 그 귀는 듣기에 둔하고 눈은 감았으니 이는 눈으로 보고 귀로 듣고 마음으로 깨달아 돌이켜 내게 고침을 받을까 두려워함이라 하였느니라

마가복음 4:11-12

이르시되 하나님 나라의 비밀을 너희에게는 주었으나 외인에게는 모든 것을 **비유**로 하나니 이는 그들로 보기는 보아도 알지 못하며 듣기는 들어도 깨닫지 못하게 하여 돌이켜 죄 사함을 얻지 못하게 하려 함이라 하시고

누가복음 8:10

이르시되 하나님 나라의 비밀을 아는 것이 너희에게는 허락되었으나 다른 사람에게는 **비유**로 하나니 이는 그들로 보아도 보지

이 성경말씀들에 의하면, 천국의 비밀을 아는 것이 허락되지 않은 이들이 있기 때문에, 그들 때문에 예수님께서는 천국 비밀에 대해서 이야기를 하실 때에는 비유로만 이야기를 하신다고 말씀하셨다. 그것은, 이사야서의 예언을 이루는 것인데, 천국의 비밀을 아는 것이 허락되지 않은 사람들이 보아도 보지 못하고 들어도 듣지 못하고 깨닫지 못하게 하여서 결국 죄사함을 얻지 못하게 하려 하신다는 말씀이다.

이 말씀은 우리가 아주 많이 접한 말씀이다. 그런데 여기서 우리가 실수를 하는 것이 있다. 내가 이 성경말씀을 읽으면서, "천국의 비밀을 아는 것이 너희에게는 허락되었으나 그들에게는 아니 되었나니"라고 말씀을 하실 때에, 생각해 보고 말 것도 없이, "나"는 천국 비밀을 아는 것이 허락이 된 사람이라는 생각을 하고, 천국 비밀을 아는 것이 허락되지 않은 "그들" 쪽에 내가 속할 것이라고 생각을 하지 않는다. 나는 당연히 천국 비밀을 아는 것이 허락된 자인, "너희"에 속한 것으로 생각을 하다 보니까, 그렇지 아니한 "그들" 안에 나를 포함하지 않는다는 것이다.

그렇다면 무슨 근거로 나는 천국의 비밀을 아는 것이 허락된 자라고 생각을 하는 것일까? 어디에서 그 근거를 찾아볼 수 있을까? 예수님께서는 어떠한 기준을 가지고 천국의 비밀을 아는 것이 허락된 이들과 허락되지 않은 이들을 나누셨던 것일까?

그런데, 천국의 비밀을 누구에게만 알려 주셨고, 또 천국의 비밀을 듣지 못한 자들은 비밀을 알게 된 자들과 무슨 차이점이 있는지가 성경말씀 안에 선명하게 설명이 되어 있다.

마가복음 4:34
비유가 아니면 말씀하지 아니하시고 다만 혼자 계실 때에 그 **제자**들에게 모든 것을 해석하시더라

누가복음 8:9-10
제자들이 이 **비유**의 뜻을 물으니, 이르시되 하나님 나라의 비밀을 아는 것이 너희에게는 허락되었으나 다른 사람에게는 **비유**로 하나니 이는 그들로 보아도 보지 못하고 들어도 깨닫지 못하게 하려 함이라

결국 "제자"들은 천국 비밀이 아는 것이 허락된, "너희"였던 것이고, 제자 외에 "군중"들은 천국 비밀을 아는 것이 허락되지 않은 "그들"이었던 것이다. 그러니까, 제자들은 천국의 비밀을 알 수 있는 특권이 허락이 된 자들이었다.

그리고 예수님은 공생애 동안 계속해서 자신을 따르는 제사의 삶으로 사람들을 초대를 하셨다. 하지만 그 초대가 부담 없이 쉽게 응할 수 있는 수준의 초대가 아니었다. 예수님은, 제자가 되는 것에 대한 아주 확실한 기준이 있으셨다. 주님께서 천국의 비밀을 알 수 있는 특권이 허락된 제자로 사람들을 부르시면서, 그들을 향한 아주 정확하고 선명한 기준을 말씀을 통해서 자세히 알려 주셨다.

아래 성경말씀들은 예수님께서 제시한 제자가 되는 기준에 대한 말씀들이다.

누가복음 14:26-33

무릇 내게 오는 자가 **자기 부모와 처자와 형제와 자매와 더욱이 자기 목숨까지 미워하지 아니하면 능히 내 제자가 되지 못하고, 누구든지 자기 십자가를 지고 나를 따르지 않는 자도 능히 내 제자가 되지 못하리라** 너희 중의 누가 망대를 세우고자 할진대 자기의 가진 것이 준공하기까지에 족할는지 먼저 앉아 그 비용을 계산하지 아니하겠느냐? 그렇게 아니하여 그 기초만 쌓고 능히 이루지 못하면 보는 자가 다 비웃어 이르되 이 사람이 공사를 시작하고 능히 이루지 못하였다 하리라 또 어떤 임금이 다른 임금과 싸우러 갈 때에 먼저 앉아 일만 명으로써 저 이만 명을 거느리고 오는 자를 대적할 수 있을까 헤아리지 아니하겠느냐? 만일 못할 터이면 그가 아직 멀리 있을 때에 사신을 보내어 화친을 청할 지니라 이와 같이 너희 중의 누구든지 **자기의 모든 소유를 버리지 아니하면 능히 내 제자가 되지 못하리라**

마가복음 8:34-38

무리와 **제자들**을 불러 이르시되 **누구든지 나를 따라오려거든 자기를 부인하고 자기 십자가를 지고 나를 따를 것이니라 누구든지 자기 목숨을 구원하고자 하면 잃을 것이요 누구든지 나와 복음을 위하여 자기 목숨을 잃으면 구원하리라** 사람이 만일 온 천하를 얻고도 자기 목숨을 잃으면 무엇이 유익하리요 사람이 무엇을 주고 자기 목숨과 바꾸겠느냐? 누구든지 이 음란하고 죄 많은 세대에서 나와 내 말을 부끄러워하면 인자도 아버지의 영광으로 거룩한 천사들과 함께 올 때에 그 사람을 부끄러워하리라

자신의 목숨까지도 미워하는 자, 자기 십자가를 지고 주님을 따르는 자, 자기의 모든 소유를 버린 자, 이러한 기준에 도달하지 않는 자들에게는, "능히 내 제자가 되지 못하리라"라고 선포를 하셨다.

어떠한 타협도 없는, 목숨까지 요구하시는 수준의 헌신, 그러한 헌신이 왜 주님은 꼭 필요하셨을까?

예수님은 이 세상에 천국 복음을 선포하러 오셨다. 그러한 천국 복음을 예수님께서는, 많은 씨앗의 비유들로 설명해 주셨다. 한 알의 밀알이 땅에 떨어져 죽으면 그 후에야 열매를 맺을 수 있게 되는 진리, 그 진리는 곧 부활의 진리이다.

그리고, 자신이 십자가에 죽으시고 삼 일 후에 부활하심으로 인해서 그러한 부활의 진리를 확증하셨다.

예수님께서 이 세상에 오셔서 우리에게 알리고자 하는 메시지는 부활의 메시지이기 때문에, 죽음 없이는 경험을 하지 못하는 메시지이다. 그래서, 목숨까지도 내어놓는 헌신은, 천국의 메시지, 부활의 메시지를 이해하기 위해서는 당연히 선행되어야 하는 것이었다.

그리고 예수님께서 부활하시고 나셔서 제자들을 만나셔서, 이들이 알게 된 천국의 메시지를 알리는 일을 부탁하신다. 그런데, 그 일을 맡기실 때에도, 예수님의 기준을 계속해서 이어 가도록 하는 부탁을 하셨다. 예수님께서 제자들에게 부탁하신 천국복음 전파 방법은, 예수님의 제자 된 자들이, 다른 이들을 제자 되도록 하여서, 제자의 수준에서 천국 복음이 알려져 나가는 것이었다.

그렇기 때문에, 예수님께서 승천하시기 전에 유언처럼 제자들에게 부탁하신 말씀도, "너희는 가서 모든 민족으로 **제자를 삼아**"(마태복음 28:19)라는 말씀이셨다.

제자들을 통해서 제자 된 이들이라고 해서 목숨까지도 내어놓는 헌신의 기준을 낮추어도 된다는 말씀을 한 번도 하지 않으셨다. 목숨까지 내어놓는 헌신을 한 제자들이 부활의 진리에 기초를 한, 참 천국 비밀을 깨닫고 나서 그러한 제자들이 또 제자를 삼으면서 천국 복음을 모든 민족에게 알도록 하라는 것이었다.

예수님은 교회 다니는 자들을 삼으라, 교회에 헌신하는 자들을 삼으라, 기도를 많이 하는 자를 삼으라고 하지 않으셨고, 제자를 삼으라고 하셨다.

그러한 예수님의 말씀에 순종을 하여서 제자를 삼아서 천국 복음을 알려 나간 역사가 사도행전에 나온다.

사도행전 6:7

하나님의 말씀이 점점 왕성하여 예루살렘에 있는 **제자의 수가** 더
심히 많아지고 허다한 제사장의 무리도 이 도에 복종하니라

사도행전 14:21

복음을 그 성에서 전하여 많은 사람을 **제자로 삼고** 루스드라와
이고니온과 안디옥으로 돌아가서

사도행전 14:22

제자들의 마음을 굳게 하여 이 믿음에 머물러 있으라 권하고 또
우리가 하나님의 나라에 들어가려면 많은 환난을 겪어야 할 것이
라 하고

사도행전 말씀 가운데에서는 분명 제자의 수가 많아졌다고 했지, 교
인의 수가 많아졌다고 하지 않았다.

그리고 또한, 사도행전 11장 26절에서는, "**제자들이** 안디옥에서 비
로소 **그리스도인이라** 일컬음을 받게 되었더라"라는 말씀이 나온다.

안디옥에서 그리스도인이라고 일컬음을 받게 된 자들은, "제자"들이
었다. 제자들이 그리스도인이라고 불리게 되었다는 것이다. 교회 다

니는 교인이 그리스도인이 아니고, 제자 된 자들이 그리스도인이라고 불리게 되었다고, 성경은 분명히 말씀하신다.

그럼 다시 우리는 천국의 비밀을 아는 것이 허락된 이들인지 허락되지 않은 이들인지 생각해 보는 것이 필요하다.

자신의 목숨까지도 미워하는 자, 자기 십자가를 지고 주님을 따르는 자, 자기의 모든 소유를 버린 자가 아니면, 주님의 제자가 될 수 있는 자격이 없는 자이다. 주님의 제자가 아니면, 보아도 보지 못하며 들어도 듣지 못하며 깨닫지 못하는 자다. 천국의 비밀이 아는 것이 허락이 되지 않은 자다. 또한, 그리스도인이라는 호칭은 제자들에게 불려지게 되었던 것이기 때문에, 그리스도인도 아니다.

마태복음 13장 11절에 "천국의 비밀을 아는 것이 너희에게는 허락되었으나 그들에게는 아니되었나니"라는 말씀에서, "너희"가 아니고 "그들"이라는 것이다.

예수님께서 오셔서 전파하신 것은, "회개하라 천국이 가까이 왔느니라"는 말씀이었다. 제일 먼저 당부하신 것이 "회개하라"였는데, 천국 비밀을 아는 것이 허락되지 않은 자의 자리에 있으면서 천국 비밀을 아는 것이 허락된 자들이라고 생각을 하고, 그리스도인들이 아니면서 그리스도인이라고 생각을 하면서, 회개해야 하는 기회를 놓치고 있었다.

예수님께서 회개하라고 하신 것은 당부이고 부탁이고 초대였다.

왜냐하면, 회개가 있으면 천국이 가까이 왔다는 사실이 축복이 될 것이고, 회개가 없으면 그 사실이 저주가 될 것이기 때문이다.

24

천국 비밀을 아는 것을
허락하지 않으신 이유

지난 장을 통해서, 하나님의 왕국의 비밀을 제자들에게만 알리셨다는 것은 알겠는데, 왜 꼭 그렇게 하셔야만 하셨는지 이해가 가지를 않는다. 이 세상에 모든 사람이 구원에 이르기를 바라시는 하나님이 아니신가? 그들도 비밀을 알게 되고 결국 축복의 길로 갈 수 있는 가능성이 생기게 되는 것이 더 좋은 것이 아닌가? 하는 의문이 생기지 않을 수 없었다. 그런데 그런 의문에 해답이 되는 비유의 말씀이 있었다.

마태복음 25:1-12

그 때에 천국은 마치 등을 들고 신랑을 맞으러 나간 열 처녀와 같다 하리니, 그 중의 다섯은 미련하고 다섯은 슬기 있는 자라 미련한 자들은 등을 가지되 기름을 가지지 아니하고, 슬기 있는 자들은 그릇에 기름을 담아 등과 함께 가져갔더니, 신랑이 더디 오므로 다 졸며 잘새, 밤중에 소리가 나되 보라 신랑이로다 맞으러 나오라 하매, 이에 그 처녀들이 다 일어나 등을 준비할새, 미련한 자들이 슬기 있는 자들에게 이르되 우리 등불이 꺼져가니 너희 기름을 좀 나눠 달라 하거늘, 슬기 있는 자들이 대답하여 이르되 우리와 너희가 쓰기에 다 부족할까 하노니 차라리 파는 자들에게 가서 너희 쓸 것을 사라 하니 그들이 사러 간 사이에 신랑이 오므로 준비하였던 자들은 함께 혼인 잔치에 들어가고 문은 닫힌지라 그 후에 남은 처녀들이 와서 이르되 주여 주여 우리에게 열어 주소서, 대답하여 이르되 진실로 너희에게 이르노니 내가 너희를 알지 못하노라 하였느니라

우리가 잘 알고 있는 열 처녀의 비유이다. 여기에서 다섯 처녀는 슬기로워서 미리 기름을 챙겼고, 다섯 처녀는 미련해서 기름을 챙기지 않았는데, 신랑이 왔을 때 미련한 처녀들은, 제때에 등불을 켜지 못하고 결국 혼인잔치에 들어가지 못하였다고 하는 이야기이다.

먼저 슬기로운 것과 미련한 것에 대해서 제대로 이해를 해야 이 비유를 이해를 할 수 있을 것이다.

슬기로운 것은 원어로는 φρόνιμος 영어로 wise로 번역이 되어 있는데, 지혜로운 것을 이야기한다. 그리고 지혜에 대해서 성경은 아래와 같이 말씀을 하신다.

시편 111:10

여호와를 경외함이 **지혜**의 근본이라 그의 계명을 지키는 자는 다 훌륭한 지각을 가진 자이니 여호와를 찬양함이 영원히 계속되리로다

잠언 9:10

여호와를 경외하는 것이 **지혜**의 근본이요 거룩하신 자를 아는 것이 명철이니라

잠언 15:33

여호와를 경외하는 것은 **지혜**의 훈계라 겸손은 존귀의 길잡이니라

이사야 11:2

그의 위에 여호와의 영 곧 **지혜**와 총명의 영이요 모략과 재능의 영이요 지식과 **여호와를 경외하는 영**이 강림하시리니

이사야 33:6

네 시대에 평안함이 있으며 구원과 **지혜**와 지식이 풍성할 것이니 **여호와를 경외함**이 네 보배니라

위의 말씀들을 통해서 알 수 있는 것은 지혜는 곧 여호와를 경외하는 것이고, 여호와를 경외한다는 것은 하나님을 두려워하고 세상을 두려워하지 않는 마음이다. 다섯 명의 슬기로운 처녀들은 세상을 두려워하지 않고 하나님을 두려워하며 사는 사람들을 이야기한다.

그리고, 기름을 준비하지 않은 다섯 처녀는 미련한 처녀라고 이야기하였다. 여기에서 미련하다는 단어는 원어로는 μωρός 영어로는 Foolish로 번역이 되어 있는데, 결국 바보 같다는 말이다. 그래서 구약에서 Foolish가 사용된 실제 사례들을 보면서 하나님께서 어떤 경우에 Foolish, 바보 같다고 하시는지 살펴보았다.

사무엘상 13:8-14

사울은 사무엘이 정한 기한대로 이레 동안을 기다렸으나 사무엘이 길갈로 오지 아니하매 백성이 사울에게서 흩어지는지라 사울이 이르되 번제와 화목제물을 이리로 가져오라 하여 번제를 드렸더니, 번제 드리기를 마치자 사무엘이 온지라 사울이 나가 맞으며 문안하매, 사무엘이 이르되 왕이 행하신 것이 무엇이냐 하니 사울이 이르되 백성은 내게서 흩어지고 당신은 정한 날 안에 오지 아니하고 블레셋 사람은 믹마스에 모였음을 내가 보았으므로, 이에 내가 이르기를 블레셋 사람들이 나를 치러 길갈로 내려오겠거늘 내가 여호와께 은혜를 간구하지 못하였다 하고 부득이하여 번제를 드렸나이다 하니라 사무엘이 사울에게 이르되 왕이 **망령되이 행하였도다** 왕이 왕의 하나님 여호와께서 왕에게 내리신 명령을 지키지 아니하였도다 그리하였더라면 여호와께서 이스라엘 위에 왕의 나라를 영원히 세우셨을 것이거늘, 지금은 왕의 나라가 길지 못할 것이라 여호와께서 왕에게 명령하신 바를 왕이 지키지 아니하였으므로 여호와께서 그의 마음에 맞는 사람을 구하여 여호와께서 그를 그의 백성의 지도자로 삼으셨느니라 하고

위 내용은, 사무엘에게서 사울이 왕위를 뺏기게 될 것에 관하여 듣는 내용이다. 블레셋 사람들과 이스라엘 사람들의 전투 가운데에 사람들이 하나님께 제사를 먼저 드리기 위해서 사무엘을 기다리고 있는데 사무엘이 늦게 도착을 하니까, 사람들이 흩어지는 것이 두려워서 사울이 직접 제사를 드린 것에 대해서 사무엘이 꾸짖는 내용이다. 그러면서, "망령되이" 행했다고 하는데, 영어로는 "Foolishly"라고 표현이 되어 있다. 사람을 두려워하는 마음이 커 하나님을 두려워하지 않고 자신이 하나님 앞에서 절대로 제사장이 아니면 할 수 없는 일을 담대히 해 버리게 된 것이었다. 결국 바보 같은 것은 하나님을 두려워하는 마음 없이 세상을 두려워하고 사는 마음이라는 것이다.

또 다른 사례가 있다.

역대하 16:6-9

그 때에 선견자 하나니가 유다 왕 아사에게 나와서 그에게 이르되 왕이 아람 왕을 의지하고 왕의 하나님 여호와를 의지하지 아니하였으므로 아람 왕의 군대가 왕의 손에서 벗어났나이다 구스 사람과 룹 사람의 군대가 크지 아니하며 말과 병거가 심히 많지 아니하더이까 그러나 왕이 여호와를 의지하였으므로 여호와께서 왕의 손에 넘기셨나이다 여호와의 눈은 온 땅을 두루 감찰하사 전심으로 자기에게 향하는 자들을 위하여 능력을 베푸시나니 이 일은 왕이 **망령되이 행하였은즉** 이 후부터는 왕에게 전쟁이 있으리이다 하매

이 내용은 아사 왕이 선견자 하나니에게 책망을 받는 내용이다. 아사 왕은 유다의 왕인데 이전에는 구스의 백만 대군도 하나님께 기도하고 의지할 때 물리쳤던 경험을 하였던 왕이다. 그런데, 이스라엘의 공격 앞에서 하나님을 의지한 것이 아니라, 아람 왕 벤하닷에게 금과 은을 보내어 도움을 구하였다. 그것에 대해서 선견자 하나니는 "망령되이" 행하였다고 하였다. 하나님을 의지하지 않고 사람을 의지하는 것을 "Foolish"한 것, 바보 같은 것이라고 표현을 한 것이다.

두 사례를 보면서 Foolish하다는 단어가 이제는 아주 확실하게 이해가 된다. 하나님의 눈앞에 살지 못하고, 하나님께 인정을 받으려 하는

것이 아니라 사람에게 인정을 받으려고 하고, 하나님을 두려워하고 의지하는 것이 아니라 사람을 두려워하고 의지하는 것, 결국 외식하는 것이 망령된 것이며, 미련한 것이며, 바보 같은 것이었다.

이제는 왜 예수님께서 천국의 비밀을 누구에게는 허락하시고 또 누구에게는 허락을 하지 않으셨는지 이해가 간다.

하나님을 경외하는 처녀들도 신랑이 올 것을 알았고, 또한, 외식을 하는 처녀들도 신랑이 올 것을 알았다. 그런데, 하나님을 경외하는 처녀들은 하나님의 눈앞에 사는 자들이고 진심으로 신랑이 올 것을 기다리고 있는 자들이기 때문에, 언제 오시든지, 기름이 없으면 등불을 들지 못하는 것을 아니까, 기름을 가지고 있는 것은 너무나도 당연한 것이었다. 그런데, 외식하는 처녀들은 겉으로는 하나님을 경외하지만 진정한 마음은 없으며, 세상에 마음이 있는 자들이고, 또 외식으로 눈이 가리워져서 가장 중요한 것을 놓치고 있으면서도 그것을 알지 못하는 자들이었다.

따라서, 천국의 비밀을 아는 것이 하나님을 경외하는 자, 곧 하나님만을 두려워하고 세상을 두려워하지 않고 사는 자들에게는 축복의 말씀이 되지만, 그렇지 않은 자들에게는, 오히려 외식하게 되는 상황이 될 수 있는 것이었다. 하나님의 왕국의 비밀들을 아는 것이, 겉으로는 진정으로 신랑을 기다리는 자같이 보인 자들이었지만, 마음으로는 신랑을 기다리고 있지 않았던 그들이기에 신랑이 오신다는 것을 알고 있었던 사실이 신랑을 기다리면서 사는 사람처럼 보이는 외식의 도구로밖에 쓰이지 못하였다는 것이다.

이 말씀을 통해서 예수님께서 천국의 비밀을 알리시는 것에 대해서, 제자의 기준을 세우시고 제자들에게만 알리신 이유가 너무나도 이해가 간다. 모든 귀한 말씀들이 온전히 하나님을 사랑하고 따르는 마음이 없는 자들에게는 외식하는 도구로 쓰일 수밖에 없는 사실이 너무나도 이해가 간다.

그러면서 또한 두렵고 떨리는 마음이 든다. 우리 기독교의 역사 가운데에서, 온몸 다해 하나님을 사랑하고 하나님만 두려워하며 사는 마음은 없으면서, 얼마나 하나님의 말씀을 사용하면서 기독교를 세워 왔는지…. 우리의 삶 가운데에서 온전히 하나님을 따르지는 않으면서 얼마나 말씀을 나를 위한 용도로 사용을 해 왔는지…. 그래서 우리는 다외식하는 자들이 될 수밖에 없었구나 하는 애통한 마음이 들었다. 그럼에도 우리를 아직도 일깨워 주시고자 하시는 하나님의 은혜에 감사할 수밖에 없다.

25

기독교인들의 감사

이제는 예수님께서 제자 수준의 헌신을 주님께 나아오는 모든 자들에게 요구하신다는 것과 그렇게 할 때에 우리가 하나님을 경외하는 마음으로 외식하는 자가 되지 않을 수 있다는 것도 알았다.

그러면서 걱정이 되고 신경이 쓰이는 부분이 있었다. 신약성경에서 복음서를 제외하면 대부분의 서신서들이 교회들에게 쓴 내용이다. 그런데, 앞의 내용을 통해서 나눈 것처럼, 예수님의 제자들을 통해서 제자의 수가 더해져 갔고, 그 제자들이 모인 것이 교회였다. 그때 당시에는 예수님을 구주로 선포를 하고 주님의 제자로 헌신을 하는 것은 모든 위험과 희생을 감수하기로 다짐한 헌신이었었다. 그런 예수님의 제자들에게 전한 메시지를 우리는 그러한 헌신은 없으면서, 위로의 말씀들과 축복의 말씀들을 나를 위한 개인적인 축복의 말씀인 것처럼 누렸다.

그럼으로 인해서 잘못 형성된 고정관념들이 우리의 참믿음을 가로

막고 있겠구나 하는 생각을 하였다. 그러면서, 잘못 형성되어 있을 수 있는 고정관념을 돌아보고 말씀 안에서 바른 생각들을 다시 세우는 것이 필요하겠다는 생각이 들었다.

그럴 때, 우리가 목숨을 내어놓는 수준의 헌신은 하지 못하여도 하나님의 은혜에 정말 감사해서 항상 감사를 올려 드리고 사는 그런 많은 기독교인들이 있는데, 그것은 하나님께서 기쁘시게 받으시는 제사와 헌신이 아닌가 하는 생각이 들었고, 그래서 우리의 감사에 대해서 생각을 해 보고 싶은 마음이 들었다.

시편 50장 23절에 "감사로 제사를 드리는 자가 나를 영화롭게 하나니 그의 행위를 옳게 하는 자에게 내가 하나님의 구원을 보이리라"라고 하셨다. 감사는 하나님을 영화롭게 하며 하나님께서 기뻐 받으시는 것이라고 하신다. 교회에서도 감사함에 대한 강조를 많이 하고, 범사에 감사하는 삶을 추구하고자 하는 열심을 어디에서나 볼 수 있다.

우리의 감사가 하나님께서 기뻐 받으시는 바른 모습인지, 아니면 잘못된 감사에 대한 생각으로 하나님을 영화롭게 하지 않는 모습인지를 돌아보는 것이 필요할 것이다. 왜냐하면, "그 행위를 옳게 하는 자에게"라고 하신 말씀 가운데에서, 감사를 옳게 할 수도 있고, 그렇지 않을 수도 있다고 말씀하셨기 때문이다.

기독교인들의 기도나 대화 가운데에서 많이 들을 수 있는 감사 내용들이 생각났다.

특별히 하나님께서 주신 은혜 들로 인해서 감사.

하나님께서 허락하신 다른 사람들보다 더 나은 모든 상황으로 인해서 감사.

많은 사람 가운데 특별히 택함 받고 누리는 축복으로 인해서 감사.

그런데…. 이런 감사들 가운데, 비교하는 마음이 느껴진다.

내가 받은 은혜와 축복을 받지 못한 자들과 비교하며 드는 감사함.

예수님을 영접함으로 인해서 특별한 은혜를 누리는 것에 대한 우월감.

이러한 기도를 통해서 드는 생각이 있었다.

누가복음 18장에서의 바리새인의 기도.

택함받고 의로운 모양으로 살 수 있는 축복을 누린 것에 대한 감사였고, 죄인들과 비교해서 더 경건한 모습으로 살 수 있게 해 주신 하나님에 대한 감사 기도였다. 우리의 기도가 바리새인들의 기도와 참 닮았다는 생각을 하였다.

힘든 상황에 있을 때, 나보다 더 힘든 상황의 사람을 보면서 그래도 감사를 해야지 하고 생각을 한다. 그렇게라도 더 못한 상황에 있는 사람들을 보면서 힘을 얻고 감사함을 찾는 것을 매 순간 지치지 않고 감사를 놓치지 않고 살아갈 수 있는 방법이라고 생각을 한다.

그런데 힘든 상황으로 인해서 하나님께 더 가까이 가게 된다면 그것은 축복이고, 누리는 축복들로 인해서 하나님께 더 가까이 가게 되지 않는다면 그것은 저주이다. 그렇기 때문에 세상에서 누리는 어떤 것도 비교하면서 안위를 얻고 감사를 올릴 수 있는 것이 될 수 없다.

또한 사람들은 특별한 것을 참 좋아한다. 교회에서 축복하며 기도를 할 때 빠지지 않는 단어가 "특별"이다. 특별한 사랑에 감사드립니다. 특별한 축복에 감사드립니다. 특별한 은혜에 감사드립니다. 특별한 사랑이라고 해야지 모든 사람에게 똑같이 하는 사랑이라고 하면 흡족한 마음이 들지 않는다. 하나님께서 나를 사랑하신다고 하면서 특별한 부분이 없다면, 사랑으로 느껴지지 않고 마음으로 다가오지 않는다.

특별한 부분이 있어야 가치가 높아진다고 생각을 한다.
다른 사람들보다 우월한….
다른 사람들 가운데 선택된….
다른 사람들보다 특별한….

그런데, 하나님의 사랑은 "누구든지"의 사랑이다.

로마서 10:13

누구든지 주의 이름을 부르는 자는 구원을 받으리라

마가복음 3:35

누구든지 하나님의 뜻대로 행하는 자가 내 형제요 자매요 어머니 이니라

누가복음 14:27

누구든지 자기 십자가를 지고 나를 따르지 않는 자도 능히 내 제자가 되지 못하리라

마태복음 10:33

누구든지 사람 앞에서 나를 부인하면 나도 하늘에 계신 내 아버지 앞에서 그를 부인하리라

고린도전서 8:3

또 **누구든지** 하나님을 사랑하면 그 사람은 하나님도 알아 주시느니라

로마서 10:11

성경에 이르되 **누구든지** 그를 믿는 자는 부끄러움을 당하지 아니
하리라 하니

고린도후서 5:17

그런즉 **누구든지** 그리스도 안에 있으면 새로운 피조물이라 이전
것은 지나갔으니 보라 새 것이 되었도다

우리의 감사는 분명 하나님을 영화롭게 하는 감사의 모습은 아니다.
그렇다면, 우리의 감사의 모습이 어떤 모습으로 바뀌어야 옳은 감사가
될 수 있을까?

위에서 나눈 시편 50:23절에서 "**감사로 제사**를 드리는 자가 나를 영
화롭게 하나니 그의 행위를 옳게 하는 자에게 내가 하나님의 구원을
보이리라"라고 하신 말씀 가운데에서는, 결국 감사로 드리는 "**제사**"에
대해서 이야기를 하고 계신다. 하나님께 제사를 드리는 마음을 이야기
를 하신 것이다. 하나님은 성경 전체를 통해서 우리에게 마음에 대한
이야기를 하는데, 우리는 마음이 아닌 행동이나 외형적인 것으로만 이
해를 한다.

하나님께 드리는 제사에 가장 기뻐 받으시는 마음이 무엇인가를 생

각해 본다면 옳은 감사를 할 수 있다. 시편 51편 17절에서, "하나님께서 구하시는 **제사**는 상한 심령이라 하나님이여 **상하고 통회하는 마음**을 주께서 멸시하지 아니하시리이다"라고 하셨다. 하나님께서 가장 기뻐 받으시는 감사로 제사를 드리는 자는, 상하고 통회하는 심정으로 마음이 하염없이 낮아져서, 저 크고 위대하신 하나님의 은혜에 감격하고 감동하여 감히 감사라는 단어로 그 마음을 다 표현할 수 없는 그런 마음이다.

누가복음 18장 13절에서 "세리는 멀리 서서 감히 눈을 들어 하늘을 쳐다보지도 못하고 다만 가슴을 치며 이르되 하나님이여 불쌍히 여기소서 나는 죄인이로소이다 하였느니라"라고 하셨다. 가슴을 치며 통회하는 세리의 기도가 의롭다 하심을 받은 기도라고 예수님께서 하신 이유가 깨달아진다. 우리 기독교인들이 예수님을 영접함으로 특별히 택함받게 되었다는 마음으로 바리새인의 마음과 같아져 버렸고, 그들의 외식에 동참하는 모습이 되어 버렸다.

우리의 감사는 바리새인과 닮아 있는 모습임을 부인할 수 없다. 마음은 높아져 있고, 눈은 세상의 관점에 젖어 있다. 그래서 깨달음이 없고, 바리새인들에게 경고하신 말씀들이 나에게 향한 말씀이라고 마음에 다가오지를 않는다.

결국, 하나님께 감사를 드리는 삶에도, 내가 다 내려놓아지는, 내가 죽어서 마음이 하염없이 낮아지는, 주님 앞에서 나를 버리고 주님을 따르는, 주님의 제자의 수준의 헌신이 있어야만 하나님께 아름답게 드려지는 제사가 될 수 있다는 말이다.

주님의 우리를 향하신 헌신의 요구는 결국 우리의 축복을 위한 것임을 다시 한번 느끼게 된다.

26

상과 벌

그리스도인들이 자신을 다 내어놓는 헌신을 하지 않게 되는 생각 중에는, "상에 대한 욕심은 없다."라는 생각이 있다. 이 세상에서 더 많이 내려놓고 더 많이 헌신하고 살면 하늘나라 가서 더 많은 상을 누릴 수가 있어서, 하늘나라에 가서는 훨씬 더 좋을 것이라는 것은 알겠는데, 그렇게 악착같이 하늘나라에 가서 조금 더 큰 상을 받아 보겠다고 열심을 내고자 하는 마음은 생기지가 않는다는 말들을 한다.

그런데 예수님께서는 이 세상에 오셔서 상 받는 것에 대해서 많이 이야기를 하셨다. 특히 마태복음 6장에 산상 수훈의 말씀 가운데에 상에 대한 말씀이 많이 있다.

마태복음 6:1-5

사람에게 보이려고 그들 앞에서 너희 의를 행하지 않도록 주의하라 그리하지 아니하면 하늘에 계신 너희 아버지께 **상을 받지 못**

하느니라 그러므로 구제할 때에 외식하는 자가 사람에게서 영광을 받으려고 회당과 거리에서 하는 것 같이 너희 앞에 나팔을 불지 말라 진실로 너희에게 이르노니 그들은 자기 **상을 이미 받았느니라** 너는 구제할 때에 오른손이 하는 것을 왼손이 모르게 하여 네 구제함을 은밀하게 하라 은밀한 중에 보시는 너의 아버지께서 갚으시리라 또 너희는 기도할 때에 외식하는 자와 같이 하지 말라 그들은 사람에게 보이려고 회당과 큰 거리 어귀에 서서 기도하기를 좋아하느니라 내가 진실로 너희에게 이르노니 그들은 **자기 상을 이미 받았느니라**

마태복음 6:16-18

금식할 때에 너희는 외식하는 자들과 같이 슬픈 기색을 보이지 말라 그들은 금식하는 것을 사람에게 보이려고 얼굴을 흉하게 하느니라 내가 진실로 너희에게 이르노니 그들은 **자기 상을 이미 받았느니라** 너는 금식할 때에 머리에 기름을 바르고 얼굴을 씻으라 이는 금식하는 자로 사람에게 보이지 않고 오직 은밀한 중에 계신 네 아버지께 보이게 하려 함이라 은밀한 중에 보시는 네 아버지께서 갚으시리라

그런데, 우리 마음 가운데에, 상을 받지 못하게 되는 상황에 대한 절박함이 없으니까, 이 말씀들이 절박하게 나에게 다가오지를 않는다.

상을 받게 되거나 받지 않게 되거나, 나중 문제이고 지금 그것이 그렇게 크게 신경이 쓰이지는 않는다.

삶 가운데에서, 사람에게 보이려고 의를 행하기도 하고, 구제할 때에 다른 사람이 알아주기를 바라는 마음이 많고, 기도하고 신앙생활을 하는 것도 다른 사람의 눈에서 온전히 자유로운 가운데에서 하는 것이 아니다.

이런 마음을 하나님께서 벌을 하시겠다고 표현하신 것이 아니라, 상을 이걸로 이미 받은 것으로 하신다고 하시면서, 나중에 받을 상이 없을 것이라고 이야기를 하신다. 이 세상에서 상을 이미 받은 상황이 되는 것에 대해서, 말씀에 쓰여 있는 대로 믿고 알더라도 큰 부담은 없다. 이 말씀은 너무나도 잘 아는 말씀인 데다가, 또 상을 받고 안 받고에 크게 연연하는 마음이 있지도 않기 때문에, 받을 상이 없다는 상황에 대해서 크게 드는 절박함이나 실망감이 없다.

또한, 나만 그런 것도 아니다. 의를 행할 때 사람들이 좋게 보아주기를 바라고, 구제할 때 나의 선행을 남들이 알아주기를 바라고, 열심히 신앙생활을 하는 것에 대해서 다른 사람들이 칭찬을 해 주기를 바라지 않는 사람이 어디 있다는 말인가 하는 생각이 든다.

하지만 우리에게 상이 얼마나 필요한지를 알게 될 때, 그런 생각들이 얼마나 위험한 생각임을 깨닫게 된다.

누가복음 12장 56-59절에서도, 이러한 외식하는 자들에 대한 경고 말씀을 볼 수 있다.

> 외식하는 자여 너희가 천지의 기상은 분간할 줄 알면서 어찌 이 시대는 분간하지 못하느냐 또 어찌하여 옳은 것을 스스로 판단하지 아니하느냐 네가 너를 고발하는 자와 함께 법관에게 갈 때에 길에서 화해하기를 힘쓰라 그가 너를 재판장에게 끌어 가고 재판장이 너를 옥졸에게 넘겨 주어 옥졸이 옥에 가둘까 염려하라 네게 이르노니 한 푼이라도 남김이 없이 갚지 아니하고서는 결코 거기서 나오지 못하리라 하시니라

여기에서 알아야 하는 상황적 배경이 있다.

외식을 하는 자들은 상을 세상에서 만족을 누리는 것으로 이미 받았기 때문에 받을 상이 없다고 하셨다. 그러면 상만 받지 않고 끝나는 것이 아닌가 하는 생각을 하게 된다.

그런데, 그렇게 단순하지가 않다.

요한복음 8:21-24

다시 이르시되 내가 가리니 너희가 나를 찾다가 **너희 죄 가운데서 죽겠고** 내가 가는 곳에는 너희가 오지 못하리라 유대인들이 이르되 그가 말하기를 내가 가는 곳에는 너희가 오지 못하리라 하니 그가 자결하려는가 예수께서 이르시되 **너희는 아래에서 났고 나는 위에서 났으며 너희는 이 세상에 속하였고 나는 이 세상에 속하지 아니하였느니라** 그러므로 내가 너희에게 말하기를 너희가 **너희 죄 가운데서 죽으리라** 하였노라 너희가 만일 내가 그인 줄 믿지 아니하면 **너희 죄 가운데서 죽으리라**

여기에서 우리가 착각하는 것이, 우리의 처지이다. "너희는 아래에서 났고 나는 위에서 났으며 너희는 이 세상에 속하였고 나는 이 세상에 속하지 아니하였느니라"라고 하신 말씀처럼, 우리의 본전은 죄 가운데에 태어난 자들이라는 것이다. 죄 아래에서 났으며, 이 세상에 속한 자들이라는 것이 우리의 본전이다. 그래서 요한복음 1장에서도 우리는 어두움으로 표현되었고, 어두움인 우리에게 빛이신 주님이 찾아오셨는데, 어두움인 우리가 빛이 필요한지도 인지를 하지 못했기 때문에 빛을 받아들이지 않았다고 설명을 한다.

요한복음 1:5, 9-11

빛이 어둠에 비치되 어둠이 깨닫지 못하더라

참 빛 곧 세상에 와서 각 사람에게 비추는 빛이 있었나니, 그가 세상에 계셨으며 세상은 그로 말미암아 지은 바 되었으되 세상이 그를 알지 못하였고 자기 땅에 오매 자기 백성이 영접하지 아니하였으나

우리가 어두움이면서도 어두움인지도 모르고, 빛이 비춰도 빛이 비치는지도 모르고, 빛이 필요한지도 모르는 것이 우리의 본전이다.

그리고, 이 본전의 수준으로 그대로 있으면, 우리는 "너희 죄 가운데 죽으리라"라는 말씀대로 죽게 될 수밖에 없기 때문에 우리는 상이 필요하다.

다시 말해서 우리에게 상이 없으면 우리의 결국은 벌이다. 죄 가운데에서 죽게 되어서 받게 되는 벌이다. 우리에게 벌이 없어지는 것은 상을 얻게 되었다는 것이고, 상이 없다는 것은 벌이 있게 된다는 것이다. 그러니까 우리가 죄인이기 때문에 상으로 주시는 영생을 얻을 때에 우리 죄의 값인 멸망을 받지 않을 수 있게 된다는 것이고, 상으로 주시는 영생을 얻지 못하게 되는 것은 결국 원래 우리의 죄값을 우리가 치르는 상황이 되어야 한다는 것이다.

요한복음 3장 17절에서 이렇게 말씀하신다.

"하나님이 그 아들을 세상에 보내신 것은 세상을 심판하려 하심
이 아니요 그로 말미암아 세상이 구원을 받게 하려 하심이라"

우리가 받아야 하는 당연한 우리의 죄값을 면해 주시기 위하여서 오
셨다는 말씀이다. 그래서 그러한 은혜가 없이는 자기의 죄 가운데에서
죽을 수밖에 없고, 그것은 곧 상을 이 세상에서 다 받아서 써 버린 것
이 되는 것이다.

그러니까 상을 애타게 바라지 않는 마음은, 우리의 본전을 모르는
마음이다. 우리가 상을 거부할 수 있는 처지가 아닌 것을 망각한 것이
다. 우리 죄를 우리가 감당을 해야 하는 상황이 될 때, 그것이 크나큰
재앙이 아닐 수 있는 사람은 하나도 없다. 그래서 우리는 상을 세상에
서 사람 눈에 보이기 위해서 다 써 버리고 내 죄를 내가 감당을 해야
하는 상황으로 만드는 어리석은 일을 하면 절대로 안 되는 처지에 있
는 자들이다.

27

택하심

지난 장에서 상을 받는 것에 연연하지 않는 마음으로 온전히 하나님께 나의 모든 것을 헌신하는 삶을 거부하는 마음은, 은혜의 상이 없을 때 멸망할 수밖에 없는 우리의 처지를 알 때는 가질 수 있는 마음이 아니다는 내용을 나누었다.

그리스도인들이 자신을 다 내어놓는 헌신을 하지 않게 되는 또 다른 이유 중에 하나는, "모든 것이 하나님의 계획하신 대로 강권하여서 역사 하시는 하나님의 경륜과 섭리이다"라고 하는 생각으로 인해서이다. 그러면서 예정해 놓으신 하나님의 섭리에 대해서 이야기한다.

이러한 하나님의 경륜과 섭리에 대한 생각을 부정을 할 수가 없다. 왜냐하면, 우리가 하나님 앞에 서게 되었을 때, 우리 인생 가운데에서 강권적으로 역사하시며 은혜 주시고 축복하신 하나님의 사랑에 감격하고 감사할 것이 확실하기 때문이다. 엄청난 은혜와 사랑으로 우리를 축복하신 하나님 아버지를 뵙게 되었을 때, 모든 것이 하나님의 은혜였으며 하나님의 인도하심이었으며, 하나님의 역사였음을 선포하며 감사 찬양을 드리게 될 것이 너무나도 확실하다.

그런데, 우리가 주님께 갔을 때, 온전한 관점과 온전한 견해가 있을 때에, 하나님 앞에 그러한 감사로 영광을 돌리게 될 것은 너무나도 당연하지만, 이 세상 가운데에서 온전한 하나님의 관점이 있지 않은 상태에서, 하나님의 경륜과 섭리 안에 다 정해져 있다는 생각으로 얼마나 많은 교만, 나태, 믿음 없는 삶의 열매를 맺게 되었는지에 대해서도 우리가 아주 잘 아는 사실이다. 이러한 상황을 볼 때에, 하나님의 경륜과 섭리에 대한 진리가 하나님 앞에 서기까지 완전한 지각, 통찰, 이해가 없는 우리들에게, 하나님께 가까이 가는 데 있어서 걸림돌이 되도록 사용이 되는 것은, 하나님께서 기뻐하실 일이 아니고, 우리가 넘어지기를 원하는 사단이 기뻐할 일이라는 것이다.

하나님의 경륜 안에 특별한 은혜를 받았고, 이러한 특별한 은혜와 섭리로 인해서 너무나도 하나님께 감사하며, 하나님의 택하심을 받은 자라는 생각과 긍지를 가지고 사는 기독교인들의 모습과 삶을 통해서, 생명의 열매가 맺히는 것이 아니라, 바리새인들에게서 나타나는 높아진 마음, 주님이 내 안에 사셔서 나타나는 열매가 아니라, 그런 열매를 맺는 것으로 보이려는 외식의 마음, 나는 낮아지고 주님만이 흥하시기를 원하는 마음이 아니라, 주님이 흥하심으로 인해서 나도 흥하고자 하는 마음들의 열매들만이 나타난다.

이 점에 대해서 숙고해 보아야 한다. 어떤 생각으로 그런 고정관념을 갖게 되었으며, 진리와 비추어 볼 때 어떠한 부분들이 우리가 하나님 중심으로 돌아와야 하는 부분들인지를 숙고하고 인지하여서 하나님께서 기뻐하시는 뜻 앞으로 나아가는 것이 너무나도 중요할 것이다.

기독교인들이 하나님의 경륜과 택하심에 대해서 설명을 할 때 인용하는 성경말씀이다.

출애굽기 33:19

여호와께서 이르시되 내가 내 모든 선한 것을 네 앞으로 지나가게 하고 여호와의 이름을 네 앞에 선포하리라 **나는 은혜 베풀 자에게 은혜를 베풀고 긍휼히 여길 자에게 긍휼을 베푸느니라**

로마서 9:14-15

기록된 바 내가 야곱은 사랑하고 에서는 미워하였다 하심과 같으니라 그런즉 우리가 무슨 말을 하리요 하나님께 불의가 있느냐 그럴 수 없느니라 모세에게 이르시되 **내가 긍휼히 여길 자를 긍휼히 여기고 불쌍히 여길 자를 불쌍히 여기리라** 하셨으니 로마서 9장의 사도 바울의 말씀은 출애굽기 33장을 인용한 말씀인데, 모세에게 하나님의 영광을 특별히 보여 주시면서 모세에게 하나님께서 하신 말씀이다. 하나님께로부터 긍휼히 여기심을 받고, 불쌍히 여기심을 받는 것, 사랑을 받고 미워함을 받는 것이 다 하나님의 주권이라고 이해를 하는 성경말씀이다.

이 말씀을 이해할 때에, 긍휼하심과 불쌍히 여기심을 베푸시는 주체가 되시는 하나님을 우리의 수준으로 놓고 이해를 한다는 것을 깨닫지 못한다.

우리의 수준에서는 우리 마음대로 결정을 하는 일들은 한쪽으로 치우칠 수도 있고, 제대로 이해를 하지 못해서 오해를 하고 결정을 할 수도 있고, 이유 없이 한쪽을 편애할 수도 있고, 시간에 따라 마음이 바뀔 수도 있다.

하나님의 수준에서는 자신이 선포하신 말씀에 단 하나도 어긋나게 행하심이 없으신 분이시고, 하나님의 말씀은 영원토록 변함이 없으며, 또한 하나님은 우리의 마음과 생각과 행동에 대한 온전한 이해를 갖고 계신 분이시다.

하나님께서 긍휼히 여길 자라고 하는 자는, 성경말씀에 비추어 볼 때 진정으로 하나님께서 긍휼히 여기실 만하고 긍휼히 여김을 받기에 합당한 자이기에 긍휼을 받게 되는 것이라고 인정을 하게 된다는 것이다.

시편 103편 13절에, "아버지가 자식을 긍휼히 여김 같이 여호와께서는 자기를 경외하는 자를 긍휼히 여기시나니"라는 말씀대로, 자신을 경외하는 자를 불쌍히 여기 실 것이며, 그것이 하나님께서 불쌍히 여길 만한 자이기에 불쌍히 여기시는 공의 이다.

이사야 55장 7절에, "악인은 그의 길을, 불의한 자는 그의 생각을 버리고 여호와께로 돌아오라 그리하면 그가 긍휼히 여기시리라 우리 하나님께로 돌아오라 그가 너그럽게 용서하시리라"라는 말씀대로, 하나님께로 돌아오는 자들을 용서하시고 긍휼히 여기실 것이라는 것이 하나님의 기준이고 공의이다.

역대하 15장 2절에 "…내 말을 들으라 너희가 여호와와 함께 하면 여호와께서 너희와 함께 하실지라 너희가 만일 그를 찾으면 그가 너희와 만나게 되시려니와 너희가 만일 그를 버리면 그도 너희를 버리시리라"라는 말씀대로, 하나님과 함께하고자 하나님을 찾는 자들에게 하나님을 만나는 은혜를 베푸실 것이라는 것이 하나님의 기준이고 공의이며, 또한, 하나님을 버린 자에게는 하나님도 버리실 것이라는 것이 하나님의 기준이고 공의라는 것이다.

사무엘상 2장 30절에 "…나를 존중히 여기는 자를 내가 존중히 여기고 나를 멸시하는 자를 내가 경멸하리라"라는 말씀대로, 하나님을 존중히 여기는 자들을 하나님께 존중받기 합당한 자들로 여겨 주실 것이라는 것이 하나님의 기준과 공의이며, 하나님을 멸시하는 자들은 하나님께서 멸시 받기에 합당한 자들로 여기실 것이라는 것이 하나님의 기준과 공의라는 것이다.

시편 145편 20절에, "여호와께서 자기를 사랑하는 자들은 다 보호하시고 악인들은 다 멸하시리로다."라는 말씀처럼, 하나님께서는 자신을 사랑하는 자들을 하나님의 보호하심을 받기에 합당한 자들로 여기셔서 보호하실 것이라는 것이 하나님의 기준과 공의이며, 또한, 악을 행하는 자들은 하나님의 보호함을 받기에 합당한 자들로 여기지 않으시고 멸시하실 것이라는 것이 하나님의 기준이며 공의라는 것이다.

하나님은 영원토록 자신이 하신 말씀들을 신실하게 지키시는 하나님이시고, 변치 않으시는 하나님이시며, 정의로우신 분이시고, 공의로우신 분이시기 때문에, 하나님께서, "내가 긍휼히 여길 자를 긍휼히 여기고 불쌍히 여길 자를 불쌍히 여기리라"라고 하실 때, 긍휼히 여김을 받게 되는 자는, 말씀에 비추어 볼 때 진정으로 긍휼하심을 받기에 합당한 자일 것이고, 불쌍히 여김을 받게 되는 자는, 말씀에 비추어 볼 때 진정으로 불쌍히 여김을 받기에 합당한 자일 것임을 의심할 수 없다는 것이다.

이제는 하나님의 경륜에 대한 기준과 공의에 대한 자세한 이해를 가지고 우리를 돌아보아야 한다.

내가 하나님을 경외하는 마음이 없고 세상에 인정받고자 하는 마음이 있음에도 하나님께 긍휼을 받을 자로 택하심을 받았다고 생각을 하는 것은 성경적이지 않으며 합당하지 않다.

모든 하나님 중심적이지 않은 나의 생각과 삶의 길을 버리고 하나님께 돌아가고자 하는 마음이 없음에도 하나님께 긍휼을 받을 자로 택하심을 받았다고 생각을 하는 것은 성경적이지 않으며 합당하지 않다.

하나님을 간절히 찾으며 만나고자 하는 마음이 없고, 하나님 외의 것들이 마음을 채우고 있으면서도 하나님께 은혜를 받을 자로 택하심을 받았다고 생각을 하는 것은 성경적이지 않으며 합당하지 않다.

세상 어느 가치보다 하나님을 온몸 다해 섬기는 것에 최고의 가치를 두고 하나님만을 존경을 하는 마음이 없으면서도, 하나님께서 존중을 해 주시는 은혜를 받을 자로 택하심을 받았다고 생각을 하는 것은 성경적이지 않으며 합당하지 않다.

하나님을 모든 것을 다해 사랑하고 섬기는 삶을 살지 않으면서도, 하나님께서 보호를 해 주시는 은혜를 받을 자로 택하심을 받았다고 생각을 하는 것은 성경적이지 않으며 합당하지 않다.

하나님 앞에 서게 되는 날, 하나님께서 베푸신 은혜를 찬양하고 감사하게 되는 것은, 지금 사단의 속임수로 인해서 나는 특별히 은혜받은 자라는 생각으로 안이한 마음을 갖지 않고, 하나님 말씀에 순종하여서 하나님을 경외하는 삶을 삶으로 인해서 하나님의 긍휼하심을 받게 된 것을, 하나님 뵈었을 때 찬양하고 감사하게 될 것임이 확실하다.

28

간음

요한복음 8장에는 서기관들과 바리새인들이 음행 중에 잡힌 여자를 예수님께 데리고 와서 간음하다 잡힌 여자를 모세의 율법에는 돌로 치라고 되어 있다. 예수님에게 어떻게 하겠냐면서 시험하는 내용이 나온다. 그런데, 예수님께서는, "너희 중에 죄 없는 자가 먼저 돌로 치라"(요한복음 8:7)라고 하시고, 나중에 간음한 여자에게도 "나도 너를 정죄하지 아니하노니 가서 다시는 죄를 범하지 말라"(요한복음 8:11)라고 하신다.

마태복음 12장 39절에서는 서기관과 바리새인들이 예수님께 표적을 보여 달라고 할 때에, "악하고 **음란**한 세대가 표적을 구하나 선지자 요나의 표적 밖에는 보일 표적이 없느니라"라고 하시면서 서기관들과 바리새인들에게 "음란한 세대"라고 표현을 하셨다.

또한, 요한계시록 17장 5절에는, "그의 이마에 이름이 기록되었으니 비밀이라, 큰 바벨론이라, 땅의 음녀들과 가증한 것들의 어미라 하였더라"라는 말씀이 있는데, 요한계시록 18장 4절에 "내 백성아, 거기서 나와 그의 죄에 참여하지 말고 그가 받을 재앙들을 받지 말라"라고 하실 때에 "거기"가 요한계시록 17장 5절에서 이야기하는 바벨론이며, 곧 "땅의 음녀들과 가증한 것들의 어미"라고 설명을 한다.

내용을 종합해 보면, 마지막 때에 하나님께 인치심을 받은 자들 외에 모든 자들이 속하게 될, 멸망을 받게 될 세력을 성경말씀에서는 "음녀"라고 표현을 하였으며, 또한 바리새인들과 서기관들도 예수님께서는 "음란한 세대"라고 표현을 하셨다. 그런데, 정작 육체적으로 음행을 저지른 여자에게는 정죄를 하지 않으신다고 하셨다.

그리고, 야고보서 4장 4절에서는, "간음한 여인들아 세상과 벗된 것이 하나님과 원수 됨을 알지 못하느냐 그런즉 누구든지 세상과 벗이 되고자 하는 자는 스스로 하나님과 원수 되는 것이니라"라고 하시면서, 간음을 하는 것에 대한 정의를 세상과 벗하는 것이라고 설명을 한다.

그리고, 구약성경에서 하나님만을 사랑하지 않고 마음이 세상을 향한 백성들을 향해서 계속해서 간음하였다고 선포를 하셨다.

역대상 5:25

그들이 그들의 조상들의 하나님께 범죄하여 하나님이 그들 앞에
서 멸하신 그 땅 백성의 신들을 **간음**하듯 섬긴지라

호세아 5:3-4

에브라임은 내가 알고 이스라엘은 내게 숨기지 못하나니 에브라
임아 이제 네가 **음행**하였고 이스라엘이 더러워졌느니라 그들의
행위가 그들로 자기 하나님에게 돌아가지 못하게 하나니 이는 **음
란**한 마음이 그 속에 있어 여호와를 알지 못하는 까닭이라

예레미야 13:27

내가 너의 **간음**과 사악한 소리와 들의 작은 산 위에서 네가 행한
음란과 **음행**과 가증한 것을 보았노라 화 있을진저 예루살렘이여
네가 얼마나 오랜 후에야 정결하게 되겠느냐 하시니라

위에 내용들을 통해서 깨닫고자 하는 것은, 하나님께서 마지막 때에
심판을 하시고자 하는 간음의 죄, 음행하는 죄, 음란의 죄에 대해서 우
리가 얼마만큼 바른 깨달음을 가지고 있는가 하는 사실이다.

외식하는 자들의 특징 중에 하나가, 하나님께서 우리에게 깨닫기를
원하시는 영적인 진리와 내면적 깨달음을 겉으로 나타나는 표면적인

것으로만 바꾸어서 해석을 해서 결국 진정한 뜻을 이해하지 못하고 은혜를 받지 못하게 된다는 것이었다.

간음에 대한 것도 마찬가지이다.

누가복음 18장 11절에, "바리새인은 서서 따로 기도하여 이르되 하나님이여 나는 다른 사람들 곧 토색, 불의, **간음을 하는 자들과 같지 아니하고** 이 세리와도 같지 아니함을 감사하나이다"라는 바리새인의 기도의 내용이 있다. "간음을 하는 자들과 같지 아니하고"라고 기도를 한 것을 볼 때에, 육체적인 간음을 하지 않았다는 것에 대한 긍지가 기도로 표현이 된 것을 볼 수 있다.

그런데, 정작 간음을 하지 않는 삶에 대한 긍지를 가지고 있는 바리새인의 기도에 대해, 예수님께서는 그의 기도가 의롭다 하심을 받지 못하였다고 말씀하셨고, 또한 바리새인들에게 여러 번 "음란한 세대"라는 표현을 하셨다. 외식함으로 인해서 육체적이고 외형적인 것에만 마음을 두고, 진정한 내면의 은혜의 메시지를 깨닫지 못하는 것을 지적하는 말씀이었던 것이다.

마지막 때에 하나님께서 우리에게 나오라고 명하신 세력에 대해서 "음녀"로 표현을 하시고, 행음하고 간음하는 것으로 그의 죄를 표현하셨는데, 우리는 그들의 죄에 동참하지 않는 그런 깨달음과 결단이 있는지를 생각을 해 보는 것이 중요하다.

하나님께서 구약시대에 계속해서 이스라엘을 향하여서 간음하였다고 하시면서 하나님께 돌아오라고 외치신 내용을 앞에서 여러 번 나누었다. 그리고, 하나님께서 바라시는 것은 신명기 10장 12절 말씀에 자세히 설명이 되어 있다. "…네 하나님 여호와께서 네게 요구하시는 것이 무엇이냐 곧 네 하나님 여호와를 경외하여 그의 모든 도를 행하고 그를 사랑하며 마음을 다하고 뜻을 다하여 네 하나님 여호와를 섬기고" 또한, 우리는 같은 내용의 말씀을 구약성경 여러 곳에서 찾을 수 있다. 하나님께서 바라시는 것은 우리가 세상의 가치를 가지고 세상에서 인정받는 것을 추구하는 삶에서 돌아서서, 하나님만을 경외하고 온 몸과 마음과 뜻을 다해서 하나님을 사랑하는 삶을 살라고 하시는 것이고, 그렇지 않은 삶을 간음으로 표현을 하신 것이다.

다시 말해서,
하나님만을 두려워하고 경외하는 삶을 사는 것이 아니라, 세상을 두려워하면서 사는 삶.
하나님의 인정만을 바라며 사는 것이 아니라, 세상의 인정을 바라고 세상에서 높임받는 것을 바라는 삶.
매 순간을 하나님의 눈앞에서 사는 것이 아니라, 세상 사람들의 눈을 의식하면서 사는 삶.

그것이 바로 간음하는 삶이라는 것이다.

외식하는 삶은 하나님 앞에서 간음을 하는 삶이다.

그렇기 때문에, 마지막 때에 심판을 받는 세력을 "음녀"로 표현을 하시고 세상과 행음하고 간음을 한 것으로 표현을 하셨는데, 마지막 때에 심판받는 세력의 받을 벌이, "외식하는 자가 받는 벌"이라고 하셨던 것이었다. 우리가 하나님의 눈앞에서만 사는 것이 아니라, 세상 사람들의 눈을 의식하며 세상에서 인정받고자 하는 관점으로 살고 있다면, 그것은, 우리가 아직 거기에서 나오지 않았다는 것이며, 간음을 하고 있다는 것이다.

성경말씀 가운데에, 간음하지 말라는 많은 말씀을 대하면서도, 나에게 하시는 말씀이라고 인식조차 하지 못했다.

간음하는 자들이 심판을 받는 내용을 대하면서도, 그 심판이 나에게 임할 수 있다는 것은 생각해 보지 못했다.

성경 전체를 통해서 자꾸만 반복을 하시며 외치시는 심각성을, 나를 깨닫게 하시기 위해서 경고하시는 메시지라고 생각해 보지 못했다.

아직도 세상에서 잘되기를 바라고 있고, 아직도 사람들에게 인정받

기를 바라고 있고, 아직도 세상을 두려워하는 마음에 매 순간 담대함
을 가지고 살고 있지 못하면서….

요한계시록 2:21-22

또 내가 그에게 회개할 기회를 주었으되 자기의 음행을 회개하고
자 하지 아니하는도다 볼지어다 내가 그를 침상에 던질 터이요
또 그와 더불어 간음하는 자들도 만일 그의 행위를 회개하지 아
니하면 큰 환난 가운데에 던지고

우리는 회개할 기회를 주실 때 우리의 음행을 회개하는 자들이 되어
서 하나님께 긍휼히 여기심을 받는 은혜를 누리는 자들이 되기를 소원
한다.

29

구약시대에 영생을 얻는 것

앞의 여러 장들을 통해서 하나님의 언약을 통한 우리를 위해 하신 엄청난 사랑과 인내와 인자하심을 살펴보았다. 결국 새 언약을 통해서 반드시 죽으리라는 저주에 묶여 있었던 우리에게 영원한 생명의 길을 여신 하나님의 위대하심에 감탄하였다. 그렇지만 하나님께서 새 언약을 통해서 이루신 역사가 우리 기독교인들의 삶 가운데에 나타나지 않는다는 사실들을 인식하면서, 지난 몇 장을 통해서 우리 기독교인들의 현 모습을 성경에 비추어 보는 시간을 가졌다. 현재의 헌신이 하나님의 말씀에 비추어 볼 때 받으실 만한 것인지, 어떤 부분들이 성경에 비추어서 우리가 회개를 해야 하는 부분들인지를 살펴보았다.

이제는 언약을 통해서 하나님께서 이루신 구원의 역사 가운데, 우리가 말씀 가운데 바른 깨달음을 가지고 있지 않아서 하나님의 새 역사의 은혜를 누리고 있지 못하는 부분들을 살펴보면서, 새 언약의 은혜를 온전히 누릴 수 있게 되는 축복을 누리기를 원한다.

먼저, 하나님의 언약을 통한 구원의 프로젝트의 역사를 하신 것은 반드시 죽으리라는 저주로 인해서, 인간들이 영원한 생명을 얻을 수 있는 길이 도저히 없을 때, 그러한 불가능한 상태에 하나님께서 언약이라는 도구로 긴 역사를 통해서 일하셔서 결국 자신의 온전한 헌신으로 인간들에게 영원한 생명을 얻는 축복을 주신 것이다. 그렇기 때문에, 이 영원한 생명을 어떻게 할 때 누가 얻을 수 있는 것인지에 대한 이해는 아주 중요하다.

영원한 생명을 얻는 길에 대해서 우리는 예수를 믿음으로 인해서 얻는다고 알고 있다. 그렇다면, 예수님께서 이 세상에 오시기 전에 하나님의 백성들에 대해서는 어떠한 기준을 세우시고 어떤 자들이 영원한 생명의 축복을 누릴 수 있었을까?

예수님께서는 마태복음 22장 32절에서 "나는 아브라함의 하나님이요 이삭의 하나님이요 야곱의 하나님이로라 하신 것을 읽어 보지 못하였느냐 하나님은 죽은 자의 하나님이 아니요 살아 있는 자의 하나님이시니라 하시니"라고 말씀을 하셨다. 그 말씀을 통해서 우리는 예수님께서 오시기 전에 살았던 자들에게도 영원한 생명의 축복을 주셨음을 분명히 알 수 있다.

예수님께서 오시기 전에 살았던 사람들에게 영원한 생명을 얻게 하셨던 하나님의 기준들을 살펴보고, 그 기준을 예수님 오신 후에 사는 우리들에게도 적용을 해 보도록 하겠다.

하나님께서 이스라엘 백성들에게 하나님의 백성의 표시로 할례를 행하게 하시고, 하나님만을 경외하고 의지하면서 살도록 명하셨지만, 계속되는 불순종으로 하나님의 뜻에 따르지 않는 자들이 되었다. 그러면서 성경 가운데 영원까지 이르는 축복에 대한 말씀을 하실 때에, 그러한 축복을 받을 자들은 의인들이며 악인들은 영원까지 이르는 축복을 받지 못하는 것을 말씀하신다.

> **시편 37:29**
> **의인**이 땅을 차지함이여 거기서 **영원히 살리로다**

> **시편 112:6**
> 그는 영원히 흔들리지 아니함이여 **의인**은 **영원히** 기억되리로다

> **잠언 10:25**
> 회오리바람이 지나가면 악인은 없어져도 **의인**은 **영원한** 기초 같으니라

잠언 10:16

의인의 수고는 **생명**에 이르고 **악인**의 소득은 죄에 이르느니라

잠언 10:30

의인은 **영영히** 이동되지 아니하여도 **악인**은 땅에 거하지 못하게 되느니라

시편 118:15

의인들의 장막에는 기쁜 소리, **구원의 소리**가 있음이여 여호와의 오른손이 권능을 베푸시며

시편 112:6

그는 영원히 흔들리지 아니함이여 **의인**은 **영원히** 기억되리로다

시편 1:6

무릇 **의인**들의 길은 여호와께서 인정하시나 **악인**들의 길은 망하리로다

예수님께서 오시기 전에 말씀 가운데에서 나타난 영원한 생명의 축복을 얻는 길은 악인이 되지 않고 의인이 되는 것이었다.

그런데, 예수님께서도 악인과 의인이 영원에 이르는 축복과 저주를 받게 되는 것에 대해서 같은 말씀을 하셨다.

마태복음 13:49, 50

세상 끝에도 이러하리라 천사들이 와서 **의인** 중에서 **악인**을 갈라 내어 풀무 불에 던져 넣으리니 거기서 울며 이를 갈리라

마태복음 25:46

그들은 영벌에, **의인**들은 **영생**에 들어가리라 하시니라

그렇다면, 영생을 얻는 길은 의인이 되어야 하는 것인데, 구약성경 가운데에서 어떤 자들을 의인이라고 하셨고, 의인이 되기 위해서는 무엇을 하여야 했는지를 살펴보면서, 하나님께서 영원한 생명의 축복을 주시기 원하시는 자들을 향하신 하나님의 기준이 무엇이었는지를 확인해 보겠다.

먼저 구약성경에서 "의"를 어떻게 정의를 하는지를 알아보았다.

예레미야 23:6

그의 날에 유다는 구원을 받겠고 이스라엘은 평안히 살 것이며 그의 이름은 **여호와 우리의 공의라** 일컬음을 받으리라

예레미야 33:16

그 날에 유다가 구원을 받겠고 예루살렘이 안전히 살 것이며 이
성은 **여호와는 우리의 의라**는 이름을 얻으리라

시편 24:5, 6

그는 여호와께 복을 받고 구원의 **하나님께 의를 얻으리니**, 이는
여호와를 찾는 족속이요 야곱의 하나님의 얼굴을 구하는 자로다

호세야 10:12

너희가 자기를 위하여 공의를 심고 인애를 거두라 너희 묵은 땅
을 기경하라 지금이 곧 여호와를 찾을 때니 마침내 여호와께서
오사 **공의를 비처럼 너희에게 내리시리라**

하나님께서 정의하시는 "righteousness", "공의", "의"는 곧 하나님이
시다. 그래서 "여호와는 우리의 의라"라고 말씀을 하시고, 하나님만
이 "의"이시기 때문에, 의는 하나님으로부터 얻어야 하는 것이고, 우리
에게 내려 주셔야 하는 것이라는 내용이 위의 성경말씀으로 설명하는
"의"의 정의이다.

"의"는 하나님께 속한 것인데, 어떻게 사람들에게 "의인"이 되게 하
시는지 알아보겠다.

신명기 6:25

우리가 그 명령하신 대로 이 모든 **명령을 우리 하나님 여호와 앞**
에서 삼가 지키면 그것이 곧 **우리의 의로움이니라** 할지니라

하나님의 명령을 지킬 때 그것을 우리의 의로움으로 인정을 해 주
신다는 것이다. 그런데, 같은 신명기 6장에서 이스라엘 백성들에게 하
신 명령은, "이스라엘아 들으라 우리 하나님 여호와는 오직 유일한 여
호와 이시니, **너는 마음을 다하고 뜻을 다하고 힘을 다하여 네 하나님**
여호와를 사랑하라"(신명기 6:4, 5)라고 하신 계명을 말씀을 하신 것이
다. 결국 우리는 의인이 아니지만, 우리가 하나님을 온 몸과 마음을 다
해서 사랑하고 믿고 따를 때 그것을 우리의 의로 인정을 해 주신다고
하시는 말씀이시다.

잠언 15:9

악인의 길은 여호와께서 미워하셔도 공의를 따라가는 자는 그가
사랑하시느니라

위의 말씀에서도 우리가 의인이 아니지만, 공의이신 하나님을 따라
가는 자가 하나님의 사랑을 받게 되는 자이고 악인에 들어서지 않는
자가 되는 것이라고 설명하신다.

에스겔 18:9

내 율례를 따르며 내 규례를 지켜 진실하게 행할진대 **그는 의인**
이니 반드시 살리라 주 여호와의 말씀이니라

위에서 설명한 내용과 같이, 하나님의 율례를 따라가며 그것을 지켜
행하는 것, 결국 우리는 의인이 아니기 때문에, 우리의 뜻을 따르면 악
인일 수밖에 없다. 하나님의 뜻과 말씀을 따르면, 하나님께서 "우리의
의"이시기 때문에 우리를 의인으로 인정을 해 주시고 반드시 죽으리라
는 저주에서 우리를 건져 주셔서 "반드시 살리라"의 축복을 얻게 하신
다는 것이다.

잠언 21:21

공의와 인자를 따라 구하는 자는 생명과 공의와 영광을 얻느니라

이 말씀으로도 확실히 알려 주시는 것은, 우리 뜻을 따르는 것이 아
니라, 하나님께만 속한 공의와 인자를 따라 구하는 자는 결국 생명과
공의와 영광을 얻게 해 주신다는 말씀이다.

하박국 2:4

보라 그의 마음은 교만하며 그 속에서 정직하지 못하나 **의인은**
그의 믿음으로 말미암아 살리라

이 하박국의 "의인은 그의 믿음으로 말미암아 살리라"는 신약성경에 많이 인용된 말씀이다. 그런데, 위에서 설명을 한 대로, 우리는 의인이 될 수 없다. 하나님만이 우리의 의이시다. 그런데, 우리를 의인으로 인정을 해 주시는 것은 하나님만을 온 몸과 마음과 뜻과 힘을 다해서 사랑하고 따르는 우리의 믿음, 그것을 "우리의 의로움"으로 인정을 해 주신다고 하셨다. 그렇기 때문에 우리가 의인으로 인정을 받는 수단이 하나님만을 사랑하고 따르는 우리의 믿음이라는 것이다. 그 믿음으로만 우리는 영원한 생명을 얻고, 영원히 살 수 있다는 설명이다.

말씀을 통해서 구약시대에 영생을 얻는 길에 대해서 알아보았다. 결국 그것은 하나님을 온 몸과 마음과 뜻을 다해서 사랑하며 따르는 우리의 믿음을 의로 여겨 주시고 의인으로 세워 주셔서, 마지막 때에 의인과 악인을 나누어서 심판하실 때에, 의인은 영원한 생명을 얻게 하시고, 악인은 영원한 형벌을 받게 하신다는 것이었다.

어느 시대에 살든지, 언제나 공의 로우시고 사랑이 넘치시는 하나님으로 인해서 찬양할 수밖에 없다.

30

신약시대에 영생을 얻는 것

신약시대에 영생을 얻기 위해서는 예수를 믿으면 된다고 알고 있다. 예수를 믿어서 영생을 얻는것과 구약시대를 살았던 사람들이 영생을 얻는 것에 어떤 차이가 있는지를 같이 살펴보면서, 하나님께서 구원의 역사를 시대적으로 이어 오면서 나타내신 하나님의 크신 뜻을 알아보는 시간을 가지려고 한다.

예수님을 믿는다는 것은 정확하게 무엇을 믿는다고 하는 것인가?

우리가 믿는 것에 대한 확실한 이해와 깊은 깨달음이 있을 때 더 확고한 믿음을 갖게 되는 것이 분명하다.

그런데, 예수님께서 영생을 얻는 것에 대해서 설명을 하시면서, 무엇을 어떻게 믿어야 하는 것에 대한 말씀들을 많이 해 주셨다.

요한복음 5:24

내가 진실로 진실로 너희에게 이르노니 내 말을 듣고 또 **나 보내신 이를 믿는 자**는 영생을 얻었고 심판에 이르지 아니하나니 사망에서 생명으로 옮겼느니라

요한복음 5:38-40

그 말씀이 너희 속에 거하지 아니하니 이는 그가 **보내신 이를 믿지 아니함이라** 너희가 성경에서 영생을 얻는 줄 생각하고 성경을 연구하거니와 이 성경이 곧 내게 대하여 증언하는 것이니라 그러나 너희가 영생을 얻기 위하여 내게 오기를 원하지 아니하는도다

요한복음 12:44-45

예수께서 외쳐 이르시되 나를 믿는 자는 나를 믿는 것이 아니요 **나를 보내신 이를 믿는 것이며**, 나를 보는 자는 **나를 보내신 이를 보는 것이니라**

요한복음 16:30

우리가 지금에야 주께서 모든 것을 아시고 또 사람의 물음을 기다리시지 않는 줄 아나이다 이로써 **하나님께로부터 나오심을 우리가 믿사옵나이다**

위의 내용들을 보면 예수님을 믿는다는 것은, 예수님을 보내신 하나님을 믿는것과 절대로 나누어질 수 없는 것을 볼 수 있다. 예수님께서는 계속해서 자신을 믿음으로 인해서 영원한 생명을 얻을 수 있는 일에 대해 설명을 하실 때, 예수님을 세상 가운데로 보내신 하나님을 믿어야 하는 것에 대해서 말씀을 하셨다.

영생을 어떻게 얻을 수 있는지에 대한 질문을 받으셨을 때에도, 예수님께서는 우리의 생각이 하나님을 향하도록 하시며, 하나님께서 제시하신 영생을 얻는 길에 대해서 설명을 하셨다.

누가복음10:25-28

어떤 율법교사가 일어나 예수를 시험하여 이르되 선생님 **내가 무엇을 하여야 영생을 얻으리이까** 예수께서 이르시되 **율법에 무엇이라 기록되었으며 네가 어떻게 읽느냐** 대답하여 이르되 **네 마음을 다하며 목숨을 다하며 힘을 다하며 뜻을 다하여 주 너의 하나님을 사랑하고 또한 네 이웃을 네 자신 같이 사랑하라** 하였나이다 예수께서 이르시되 **네 대답이 옳도다 이를 행하라 그러면 살리라** 하시니

하나님께서는 구약성경 전체를 통해서 계속해서 우리에게 마음에 할례를 하고, 하나님을 온전히 사랑하고 이웃을 사랑하는 하나님을 경

외하는 삶을 요구하셨다. 여기에서 예수님께서 말씀을 하시는 율법은, 육신적으로만 따르는 계율이 아니라, 하나님께서 진정으로 요구하셨던 마음을 다해서 따르는 믿음과 사랑을 말씀하셨던 것이었다.

예수님께서는 영원한 생명에 대해서 설명을 하실 때마다, 우리의 마음과 생각이 하나님을 사랑하고 경외하는 것에 맞추어지도록 하셨다.

요한복음 17:2-3

아버지께서 아들에게 주신 모든 사람에게 **영생을 주게 하시려고** 만민을 다스리는 권세를 아들에게 주셨음이로소이다 **영생은 곧 유일하신 참 하나님과 그가 보내신 자 예수 그리스도를 아는 것 이니이다**

요한복음 6:38-40

내가 하늘에서 내려온 것은 내 뜻을 행하려 함이 아니요 **나를 보내신 이의 뜻을 행하려 함이니라** 나를 보내신 이의 뜻은 내게 주신 자 중에 내가 하나도 잃어버리지 아니하고 마지막 날에 다시 살리는 이것이니라 **내 아버지의 뜻은 아들을 보고 믿는 자마다 영생을 얻는 이것이니** 마지막 날에 내가 이를 다시 살리리라 하시니라

요한복음 5:38-42

그 말씀이 너희 속에 거하지 아니하니 이는 **그가 보내신 이를 믿지 아니함이라** 너희가 성경에서 영생을 얻는 줄 생각하고 성경을 연구하거니와 이 성경이 곧 내게 대하여 증언하는 것이니라 그러나 너희가 **영생을 얻기 위하여** 내게 오기를 원하지 아니하는도다 나는 사람에게서 영광을 취하지 아니하노라 **다만 하나님을 사랑하는 것이 너희 속에 없음을 알았노라**

예수님께서는 구원의 역사의 중심이 하나님께 있음을 계속해서 설명하셨고, 그것이 하나님의 뜻이며, 그 하나님의 뜻이 아들을 보고 믿는 자마다 영생을 얻게 되는 것이라고 설명을 하신다. 그래서, 영생이라는 것은, 유일하신 하나님께서 크신 사랑으로 영원한 생명을 인간들이 얻을 수 있는 길을 만들어 주셨고, 그래서 예수님을 보내서 우리의 죄의 문제를 해결을 해 주셨으며, 그러한 하나님과 하나님이 보내신 예수 그리스도를 아는 것을 영생이라고 하신다. 하나님을 믿고 사랑하는 것이 없이는 하나님께서 보내신 자를 알아보지 못하고 거부를 하게 되기 때문에 결국은 영생을 얻을 수도 없다는 것이다. 하나님을 믿고 사랑하는 자가 예수님을 영접하고 믿을 수 있다는 것이다.

예수님을 믿어서 영생을 얻는다는 것은 예수님을 보내신 하나님의 구원의 역사에 대한 이해와 감사, 또한 예수님께서 우리의 죄의 문제를 위해서 감당하신 사역에 대한 이해를 모두 다 포함을 하는 것이다.

우리가 앞에서 나눈 내용처럼, 하나님께서는 반드시 죽으리라라는 저주로 인해서 도저히 영원한 생명을 얻을 수 없었던 우리들에게, 계속해서 언약을 맺으면서 구원의 역사를 진행해 오셨고, 결국 새 언약에 대한 선포를 하시고, 그 새 언약을 이루시기 위해서 자신의 아들을 보내셔서 우리 대신 우리의 죄를 담당하게 하셨다. 그래서 예수님께서는, 자신의 피 흘리심과 하나님의 언약을 연결하는 말씀들을 하셨다.

마태복음 26:28
이것은 죄 사함을 얻게 하려고 많은 사람을 위하여 흘리는 바 나의 피 곧 **언약의 피니라**

마가복음 14:24
이르시되 이것은 많은 사람을 위하여 흘리는 나의 피 곧 **언약의 피니라**

누가복음 22:20
저녁 먹은 후에 잔도 그와 같이 하여 이르시되 이 잔은 **내 피로 세우는 새 언약이니** 곧 너희를 위하여 붓는 것이라 그래서, 하나님의 새 언약의 약속을 이루시기 위해서 보내신 분이 예수님인 것을, 계속해서 설명을 하는 내용이 신약에서의 예수님을 설명하는 말씀인 것이다. 예수님을 믿는다는 것은, 하나님의 크신 사랑으로 인해서 우리에게 영원한 생명을 주시기 위해서 새 언약으로 약속하시고, 결국 그 약속을 이루신 하나님의 약속의 성취가 곧 예수님이시라는 사실을 인정하고 감사하며 믿는 것을 의미한다.

또한 예수님께서 오신 이후에 제시된 영생을 얻는 길로 인해서, 구약성경을 통해서 선포된 영생을 얻는 길이 인정되지 않는 것이 아니라, 그러한 율법의 명령이 오히려 온전히 되는 것임을 설명하여 주셨다.

마태복음 5:17
내가 율법이나 선지자를 폐하러 온 줄로 생각하지 말라 폐하러 온 것이 아니요 완전하게 하려 함이라

율법이 폐하는 것이 아니라, 율법을 마음으로 지키지 않고 외면적과 형식적으로만 지킴으로 인해서 율법의 참뜻인, 하나님과의 온전한 믿음과 사랑의 관계를 이루는 것을 놓쳤던 우리들에게, 예수님께서 오셔서 자신의 희생을 통해서, 하나님의 백성들이 하나님과의 믿음과 사랑의 관계를 이루는 것을 완전케 하신다는 뜻이다.

요한계시록의 표현을 볼 때, 구약에서의 영생을 얻는 길과, 신약에서의 영생을 얻는 길이 나누어질 수 없음을 잘 이해할 수가 있다.

요한계시록 14:12

성도들의 인내가 여기 있나니 그들은 **하나님의 계명과 예수에 대한 믿음**을 지키는 자니라

이 예언서에서 성도를 표현할 때 "**하나님의 계명과 예수에 대한 믿음을 지키는 자**"라고 한다. 구약에서 영생을 얻는 길인, 하나님의 계명을 지키는 것과, 신약에서 영생을 얻는 길인 예수님을 믿는 것이 요한계시록에 이야기하는 성도들에게 나타나는 모습이었다.

요한계시록 12:17

용이 여자에게 분노하여 돌아가서 그 여자의 남은 자손 곧 **하나님의 계명**을 지키며 **예수의 증거를 가진 자**들과 더불어 싸우려고 바다 모래 위에 서 있더라

마지막 때에 하나님을 대적하는 자들과 싸우게 될 하나님의 편에 선 자들, 하나님의 백성들은 또한, 하나님을 믿고 사랑하는 계명을 지키는 자들이었으며, 예수님께서 우리의 죄를 감당하신 언약의 성취의 증거를 가진 자들이라고 설명을 한다.

위에 말씀들을 통해서 성도들에 대해서 표현을 하신 모습들을 볼 때에, 우리가 예수님을 믿는다고 할 때에, 하나님을 온 몸과 마음과 힘을 다해서 사랑하고 믿고 의지하는 계명, 구약시대에 영생을 얻는 길이 배제되는 것이 아니고 더욱 확고히 되는 것을 확실히 확인을 할 수 있었다.

그리고, 요한계시록에 보면, 하나님께서 선포를 하셨던 새 언약이 완전히 완성이 되는 모습을 묘사해 준 말씀들이 있다. 예레미야 31장 33절에서, "그러나 그 날 후에 내가 이스라엘 집과 맺을 언약은 이러하니 곧 내가 나의 법을 그들의 속에 두며 그들의 마음에 기록하여 나는 그들의 하나님이 되고 그들은 내 백성이 될 것이라."라고 설명이 되어 있다. 그리고, 요한계시록 21장 3-7절에서 그 새 언약이 성취된 모습이 묘사가 되어 있다.

내가 들으니 보좌에서 큰 음성이 나서 이르되 보라 하나님의 장막이 사람들과 함께 있으매 **하나님이 그들과 함께 계시리니 그들은 하나님의 백성이 되고 하나님은 친히 그들과 함께 계셔서, 모든 눈물을 그 눈에서 닦아 주시니 다시는 사망이 없고 애통하는 것이나 곡하는 것이나 아픈 것이 다시 있지 아니하리니 처음 것들이 다 지나갔음이러라** 보좌에 앉으신 이가 이르시되 보라 내가 만물을 새롭게 하노라 하시고 또 이르시되 이 말은 신실하고 참

되니 기록하라 하시고, 또 내게 말씀하시되 이루었도다 나는 알
파와 오메가요 처음과 마지막이라 내가 생명수 샘물을 목마른 자
에게 값없이 주리니, 이기는 자는 이것들을 상속으로 받으리라
나는 그의 하나님이 되고 그는 내 아들이 되리라

하나님의 언약을 통해서 이루어 오신 구원 프로젝트 역사가 온전히
이루어진 모습을 표현한 말씀이다.

신약시대에 우리는 예수를 믿음으로 영생을 얻는다. 예수를 믿는 그
믿음은, 온 인류 역사를 통해서 이루어 오신 하나님의 구원의 역사를
포함하는 것이며, 아들까지 보내 주신 하나님을 온 몸과 마음을 다해
사랑하고 따르는 율법을 지키는 것을 포함하는 것이며, 반드시 죽으리
라는 저주에 묶여 있어서 영생을 얻을 길이 도저히 없는 우리가 하나
님의 강권 적인 은혜를 입은 것을 포함하는 것이며, 세상을 두려워하
지 않고 하나님만을 두려워하는 삶을 헌신하는 것을 포함하는 것이다.

31

은혜받는 기준

지난 장들을 통해서 구약시대와 신약시대를 초월하여서 하나님께서 펴신 구원의 역사와 그로 인해서 영원한 생명을 얻는 길에 대해서 이야기를 나누었다.

구약시대에 살았던 사람들이나, 신약시대에 사는 우리들이나, 하나님을 온몸 다해 사랑하고 믿고 따르며, 하나님을 경외하는 마음이 없을 때에는, 하나님이 보내신 분을 알아보지 못하고, 하나님께서 보내신 분을 영접하지 못하였으며, 결국 영원한 생명을 누리는 축복을 받지 못하였다.

하나님의 마음을 이해하지 못하고, 하나님의 의도를 제대로 깨닫지 못하면, 우리는 계속해서 하나님을 오해를 한다. 역대하 16장 9절에, "여호와의 눈은 온 땅을 두루 감찰하사 전심으로 자기에게 향하는 자들을 위하여 능력을 베푸시나니"라고 하시면서, 하나님께서 보시는 것은 우리의 온전히 하나님께 향하는 마음이고, 그 대상은 온 땅에 있는 자들이라고 말씀을 하신다.

그런데, 예수님께서 오신 후에 유대인들에게 더 이상 은혜가 허락되지 않았고, 그 은혜가 우리 이방인들에게 옮겨졌다고 생각을 하는 많은 기독교인들이 있다.

하지만, 성경에서는 그렇게 말씀하지 않으신다.

사도행전 2:5, 37-41
그 때에 **경건한 유대인**들이 천하 각국으로부터 와서 예루살렘에 머물러 있더니…
그들이 이 말을 듣고 마음에 찔려 베드로와 다른 사도들에게 물어 이르되 형제들아 우리가 어찌할꼬 하거늘, 베드로가 이르되 너희가 회개하여 각각 예수 그리스도의 이름으로 세례를 받고 죄사함을 받으라 그리하면 성령의 선물을 받으리니, 이 약속은 너희와 너희 자녀와 모든 먼 데 사람 곧 주 우리 하나님이 얼마든지 부르시는 자들에게 하신 것이라 하고, 또 여러 말로 확증하며 권하여 이르되 너희가 이 패역한 세대에서 구원을 받으라 하니, 그 **말을 받은 사람들은 세례를 받으매 이 날에 신도의 수가 삼천이나 더하더라**

앞의 말씀은, 사도행전 2장에 베드로의 설교를 듣고 3000명이 세례를 받고 예수님을 믿게 된 말씀에 대한 이야기이다. 여기에서 예수님을 믿게 된 대상이 유대인들이다. 그런데, 그들은 경건한 유대인이라고 표현이 되어 있다. 경건한이라는 단어는 원어로 εὐλαβής인데, 하나님을 두려워하는 이라는 뜻이다. 영어로는 God-fearing이다. 그러니까, 유대인들에게 은혜가 임하지 않는 것이 아니라, 외식하는 유대인에게는 은혜가 임하지 않았고, 하나님을 두려워하는 유대인들에게는 은혜가 임했다는 것이다.

사도행전 13:43

회당의 모임이 끝난 후에 **유대인과 유대교에 입교한 경건한 사람들이 많이** 바울과 바나바를 따르니 두 사도가 더불어 말하고 항상 하나님의 은혜 가운데 있으라 권하니라

위에 내용은 사도 바울의 말씀을 듣고 헌신 한 사람들 중에 유대인과 유대교에 입교한 많은 하나님을 두려워하는 자들이 있었다는 말씀이다. 유대인들이 은혜 받는 것에 배제되었던 것이 아니었으며, 하나님을 경외하는 자들은 예수님을 믿고 따르게 되었다는 말씀이다.

사도행전 9:31

그리하여 온 **유대**와 갈릴리와 사마리아 교회가 평안하여 든든히

서 가고 주를 경외함과 성령의 위로로 진행하여 수가 더 많아지
니라

사도행전 14:1

이에 이고니온에서 두 사도가 함께 유대인의 회당에 들어가 말하
니 **유대**와 헬라의 허다한 무리가 믿더라

사도행전 18:4

안식일마다 바울이 회당에서 강론하고 **유대인과** 헬라인을 권면
하니라

사도행전 19:10

두 해 동안 이같이 하니 아시아에 사는 자는 **유대인이나** 헬라인
이나 다 주의 말씀을 듣더라

사도행전 19:17

에베소에 사는 **유대인과** 헬라인들이 다 이 일을 알고 두려워하며
주 예수의 이름을 높이고

위의 말씀들은, 유대인들도 예수님께서 오신 이후 신약시대에서 예
수님을 믿음으로 영원한 생명을 얻는 축복을 누린 자들이라는 사실을

설명해 주는 내용이다.

그리고, 우리가 잘 아는 고넬료의 이야기가 사도행전에 나온다.

사도행전 10:1-2

가이사랴에 고넬료라 하는 사람이 있으니 이달리야 부대라 하는 군대의 백부장이라 그가 **경건하여** 온 집안과 더불어 **하나님을 경외하며** 백성을 많이 구제하고 하나님께 항상 기도하더니

사도행전 10:22

그들이 대답하되 백부장 고넬료는 의인이요 **하나님을 경외하는 사람이라** 유대 온 족속이 칭찬하더니 그가 거룩한 천사의 지시를 받아 당신을 그 집으로 청하여 말을 들으려 하느니라 한대

고넬료는 유대인이 아니었다. 예수님을 알았던 자도 아니었다. 그런데, 그는 하나님을 경외하는 자였다. 앞에서도 이야기했듯이, 하나님을 경외한다는 뜻은, 하나님만을 두려워하고 사람을 두려워하지 않는다는 뜻이다. 하나님의 눈앞에서 살며, 사람들의 인정을 받으려는 자가 아닌, 하나님의 인정을 받으려는 자이다. 하나님만을 두려워하며 온전히 하나님을 따르는 고넬료에게는, 천사를 통해서 베드로를 불러오게 하셔서라도 그에게 복음을 듣고 예수를 믿게 되는 축복을 하나님

께서 주신 것을 볼 수 있다.

고넬료가 은혜를 받게 된 것을 보고 베드로가 이렇게 이야기를 한다.

사도행전 10:34-35
베드로가 입을 열어 말하되 내가 참으로 하나님은 사람의 외모를
보지 아니하시고, 각 나라 중 하나님을 경외하며 의를 행하는 사
람은 다 받으시는 줄 깨달았도다

다시 말해서, 예수님을 대적하던 유대인들은, 사람들에게 높임을 받
고자 하던 자들이고, 사람 눈을 의식을 하면서 사는 자들이었다. 하나
님보다 사람을 두려워하며 살던 자들이었다. 그래서 그들에 대해서 예
수님께서 외식하는 자들이라며 저주를 하셨다. 그러니까, 그 외식이
하나님께 은혜를 받지 못하고 영원한 생명을 받는 축복에서 배제가 되
는 이유가 됐었던 것이었다. 외식하지 않고, 온전히 하나님 앞에서만
살았던 사람들은, 유대인이거나, 유대인이 아니거나 구분 없이 다 똑
같이 은혜를 누리게 되었다.

얼마나 오랫동안 교회를 섬겼고, 얼마나 많은 성경에 대한 지식을
쌓았고, 얼마나 많은 헌신을 하고, 얼마나 많은 기도를 하고, 얼마나 많
은 기적의 역사를 했는지가 하나님께 영원한 생명의 은혜를 받는 기준

이 절대로 아니다. 매 순간 하나님만을 두려워하고 세상을 두려워하지 않고 사는지, 매 순간 하나님께만 인정받기를 원하고 사람의 인정을 추구하지 않는지, 사람들의 눈을 의식하지 않고, 하나님 눈앞에서만 사는지가, 하나님께서 부어 주시는 은혜를 받는 기준이라는 것이다.

32

믿음의 정의

믿음이 있으면 산을 옮긴다고 하신다.

믿음이 있으면 불가능이 없다고 하신다.

또한 믿음이 없으면 하나님을 기쁘시게 할 수 없다고 하신다.

기독교인들은 다 예수님을 믿는다고 하고, 예수님을 믿는다고 하는 것은 믿음이 있다고 하는 것인데, 말씀에서 선포하시는 믿음이 있을 때 나타나는 열매들이 나타나지 않는다.

우리가 지난 장들을 통해서 하나님을 믿는다는 것이, 모든 하나님의 구원의 역사와 인도하심과 사랑을 알고 그러한 사랑과 희생에 대한 나의 반응을 포함하지 않을 수 없다는 이야기를 하였다.

그래서, 이번 장에서는 믿음의 정확한 정의를 찾아보기로 했다. 왜냐하면, 야고보서 2장 19절에, "네가 하나님은 한 분이신 줄을 믿느냐 잘하는도다 귀신들도 믿고 떠느니라"라고 하셨다. 귀신들이 하나님을 우리보다 더 잘 알더라도 그것이 참믿음이 될 수 없는 것처럼, 우리가 이야기하는 우리의 믿음이 하나님께서 기뻐하실 참믿음의 모습인지, 말씀 가운데에서 믿음의 정의를 찾아보는 것이 중요할 것이라는 생각을 했다.

먼저 믿음의 정의를 구약성경에서 찾아보기로 하였다. 구약은 히브리어로 쓰여 있고, 신약은 그리스어로 쓰여 있어서 단어들이 다르기 때문에, 믿음에 대해서 먼저 설명을 한 구약성경에서 그 의미를 먼저 찾고, 그 이후 신약성경으로 이해를 넓혀 가겠다.

구약성경에서 믿음을 표현을 하는 단어를 여러 개를 쓴 것을 볼 수 있었다.

먼저, 아브라함이 하나님을 믿을 때 의로 여기셨다고 하신 내용이, 신약에서 계속해서 믿음에 대해서 설명을 할 때 인용을 하는 구절이므로 그 구절에서 사용된 믿음의 의미를 찾아보기로 하였다. 원어로는 אמן라는 단어인데, '확고히 하다', '지지하다'라는 뜻을 가지고 있고, '믿다', '신뢰하다', '충성하다', '충실하다', '확신하다' 등의 내용으로 사용이 되었다. 아래는, 이 단어가 사용된 말씀들이다.

창세기 15:6

아브람이 여호와를 **믿으니** 여호와께서 이를 그의 의로 여기시고

출애굽기 19:9

여호와께서 모세에게 이르시되 내가 ᄈᄈ한 구름 가운데서 네게 임함은 내가 너와 말하는 것을 백성들이 듣게 하며 또한 너를 영영히 **믿게** 하려 함이니라 모세가 백성의 말을 여호와께 아뢰었으므로

민수기 12:7

내 종 모세와는 그렇지 아니하니 그는 내 온 집에 **충성함**이라

사무엘상 2:35

내가 나를 위하여 **충실한** 제사장을 일으키리니 그 사람은 내 마음, 내 뜻대로 행할 것이라 내가 그를 위하여 견고한 집을 세우리니 그가 나의 기름 부음을 받은 자 앞에서 영구히 행하리라

이사야 7:9

에브라임의 머리는 사마리아요 사마리아의 머리는 르말리야의 아들이니라 만일 너희가 굳게 **믿지** 아니하면 너희는 굳게 **서지** 못하리라 하시니라

다음으로는, 하박국서의 "의인은 믿음으로 말미암아 살리라" 하는 말씀에 사용된 단어를 살펴보기로 했다. 이 말씀도 믿음을 설명하는 신약에 많이 인용이 된 말씀이다. 여기에서는, אֱמוּנָה라는 단어를 사용을 하였는데, '견고함', '신실함', '충성됨', '신뢰'의 의미가 있다. 아래의 말씀들이 이 단어가 사용이 된 말씀들이다.

하박국 2:4

보라 그의 마음은 교만하며 그 속에서 정직하지 못하나 의인은 그의 **믿음**으로 말미암아 살리라

예레미야 5:1

너희는 예루살렘 거리로 빨리 다니며 그 넓은 거리에서 찾아보고 알라 너희가 만일 정의를 행하며 **진리**를 구하는 자를 한 사람이라도 찾으면 내가 이 성읍을 용서하리라

잠언 28:20

충성된 자는 복이 많아도 속히 부하고자 하는 자는 형벌을 면하지 못하리라

시편 119:30

내가 **성실**한 길을 택하고 주의 규례들을 내 앞에 두었나이다

다음 내용은, 하나님께서 예레미야에게, 그가 하나님을 믿었기 때문에 반드시 구원을 하시겠다고 약속을 하는, 예레미야의 믿음을 표현할 때 쓰신 단어를 알아보았다. 여기에서는 חָטָבּ라는 단어를 사용을 하였는데, '담대함', '신뢰', '확신'의 의미가 있다. 아래에 말씀들이 이 단어가 사용이 된 말씀들이다.

예레미야 39:18

내가 반드시 너를 구원할 것인즉 네가 칼에 죽지 아니하고 네가 노략물 같이 네 목숨을 얻을 것이니 이는 네가 나를 **믿었음**이라 여호와의 말씀이니라 하시더라

역대상 5:20

도우심을 입었으므로 하갈 사람과 그들과 함께 있는 자들이 다 그들의 손에 패하였으니 이는 그들이 싸울 때에 하나님께 **의뢰**하고 부르짖으므로 하나님이 그들에게 응답하셨음이라

시편 13:5

나는 오직 주의 사랑을 **의지**하였사오니 나의 마음은 주의 구원을 기뻐하리이다

잠언 3:5

너는 마음을 다하여 여호와를 **신뢰**하고 네 명철을 의지하지 말라

구약성경 가운데에서의 믿음으로 사용한 단어들의 의미가, 내가 알고 있었던 의미와 많이 다른 것을 느끼게 된다. 구약성경에서 표현하는 견고함, 확고 부동함, 충성됨, 충실함, 신뢰함의 의미 가운데에는, 한순간의 마음이 아닌, 끝까지 흔들리지 않고 끝까지 의지하는 마음을 지켜 나가는 의미가 선명히 표현이 되어 있었다.

이제는 신약성경에서의 믿음의 단어를 찾아보기로 했다. 신약성경에서는, 아브라함에 믿음을 설명하는 단어나, 하박국에서 설명된 믿음이라는 단어나, 또한 히브리서를 통해서 설명하는 구약의 믿음의 조상들의 믿음을 설명하는 단어를 다 하나로 통일하여서 쓰고 있었다. πιστεύω라는 단어인데 '믿는다', '믿음을 갖는다'라는 뜻이다.

이렇게 단어를 이해함을 통해서 성경 전체에서 사용된 믿음에 대한 메시지를 보니, 선명하게 이해가 되지 않았던 믿음에 대한 정의가 조금 더 선명해지는 것 같다.

신약성경을 통해서는 모든 것을 다 믿음이라는 단어로 표현을 하였고 믿는다는 것으로 설명을 하는데, 솔직히 믿는다는 것이 무엇인지를

잘 깨닫지 못했고, 어떤 의미를 지니고 있는지, 어떻게 해야 믿는 것인지에 대한 선명한 이해를 갖기가 힘들었다.

그런데, 구약성경을 통해서 설명이 된 많은 표현을 통해서 믿음이 무엇인지 이제는 이해가 된다.

믿음은, 보이지 않으시는 하나님을 보이는 세상보다 더 확신을 가지고 선택하는 것이다.

믿음은, 보이지 않으시는 하나님을 선택해서 지키는 확고부동한 마음이다.

믿음은, 세상에 눈을 돌리지 않고 하나님의 편에 끝까지 서는 충성된 마음이다.

믿음은, 세상에 가치와 영향에 마음이 뺏기지 않고, 하나님의 온전하신 뜻만을 확신하고 신뢰하는 것이다.

믿음은, 하나님께서 반드시 죽어야 하는 저주 가운데에 있는 우리에게 영원한 생명을 주시기 위해서 하신 희생과 사랑을 알고, 그 사랑에 답하는 삶을 살기로 결단하고 굳게 서서 흔들리지 않는 마음이다.

믿음은, 세상을 두려워하지 않고 충성되게, 신실하게 하나님만을 두려워하는 삶이다.

믿음은, 보이지 않으시는 하나님께 나를 다 던지는 것이다.

33

회개

    내가 믿는 자라고 생각을 했는데, 믿음이 없었던 것을 깨달았다.

    내가 그리스도인이라고 생각을 했는데, 예수의 제자가 된 자들만이 그리스도인이며 나는 아니었다.

    내가 영원한 생명을 얻은 자라고 생각을 했는데, 나의 믿음이 영생을 얻는 믿음이 아니었다.

    내가 하나님을 사랑하는 자라고 생각을 했는데, 세상에 마음을 뺏긴 간음하는 자였다.

    내가 하나님을 경외하는 자라고 생각을 했는데, 세상을 두려워하는 외식하는 자였다.

    이제는 우리가 회개하고 회복하고 참믿음을 가져야 하는데, 하나님께서 말씀하시는 회개가 무엇인지, 어떻게 하는 것인지, 어떤 회개를 하나님께서 기뻐하시는 것인지를 알아보는 것이 중요하다는 생각을 했다.

회개라는 단어도, 구약성경의 표현과 신약성경의 표현의 설명이 달랐다. 회개의 단어에 어떠한 뜻을 포함을 하고 있는지를 먼저 알아보기로 했다.

구약성경에서의 회개는, שׁוּב라는 단어를 사용했는데, 이 단어는 '돌아간다', '되돌린다'라는 뜻이다. 아래에 성경 구절들이 이 단어를 사용한 구절들이다.

시편 7:12
사람이 **회개**하지 아니하면 그가 그의 칼을 가심이여 그의 활을 이미 당기어 예비하셨도다

창세기 3:19
네가 흙으로 **돌아갈** 때까지 얼굴에 땀을 흘려야 먹을 것을 먹으리니 네가 그것에서 취함을 입었음이라 너는 흙이니 흙으로 **돌아갈 것이니라** 하시니라

창세기 18:10
그가 이르시되 내년 이맘때 내가 반드시 네게로 **돌아오리니** 네 아내 사라에게 아들이 있으리라 하시니 사라가 그 뒤 장막 문에서 들었더라

민수기 10:36

궤가 쉴 때에는 말하되 여호와여 이스라엘 종족들에게로 **돌아오
소서** 하였더라

신명기 30:2

너와 네 자손이 네 하나님 여호와께로 **돌아와** 내가 오늘 네게 명
령한 것을 온전히 따라 마음을 다하고 뜻을 다하여 여호와의 말
씀을 청종하면

구약성경에의 회개에 사용된 단어의 뜻이 내가 생각했던 회개의 의
미와 너무 달라서, 이 단어의 의미에 대해서 많이 생각을 해 보게 되었
다.

회개한다고 하면, 잘못했다고 하고, 용서해 달라고 하고, 다시는 안
그러겠다고 하는 그런 행동에 대한 개념을 가지고 있다. 그런데, 성경
에서의 회개라는 단어에 그런 표현이 너무 없어서 의아했다.

이제는 신약성경에서 회개라는 단어에 원어 뜻을 알아보기로 했다.
μετανοέω라는 단어인데, "think differently after", "after a change of
mind"라는 뜻으로, 이후로는 생각을 다르게 한다, 이후로는 생각을 바
꾼다는 뜻을 가지고 있었다.

구약성경과 신약성경을 통해서 회개에 대한 의미를 찾아보면서 드는 생각이, 회개라는 단어의 의미 안에는 두 개의 자리에 대한 내용을 포함을 하고 있었다는 것이다. 지금 있는 자리, 돌아가야 하는 자리. 지금 가지고 있는 생각의 자리, 바뀌고 난 생각의 자리.

두 개의 자리가 나누어지는 선명한 선이 생기고 나니까 이제 더 이해가 간다.

다른 자리에 나를 세우는 것이다.

이만하면 됐다고 생각을 하던 자리에서 **완전히 돌아서서** 모든 것을 하나님께 거는 자리에 확고히 서는 것이다.

세상에 인정을 받는 것에 관심을 돌리던 자리에서 **완전히 돌아서서**, 영원한 생명을 주시는 하나님께 인정받고자 하는 자리에 확고히 서는 것이다.

세상에 문제 가운데 축복을 바라며 하나님을 찾았던 자리에서 **완전히 돌아서서**, 자신이 모든 것을 감당하셔서 우리에게 영원한 축복을 주신 그 가치를 인정하고 그런 하나님의 사랑에 나를 다 던지는 그런 자리에 확고히 서는 것이다.

하나님으로 인해서 내가 높아지기를 소원했던 자리에서 **완전히 돌아서서**, 내가 낮아짐으로 인해서 하나님만 높아지시기를 소원하는 자리에 확고히 서는 것이다.

나의 모든 것을 다 내려놓고 하나님께 헌신하기가 꺼려졌던 자리에서 **완전히 돌아서서**, 온 몸과 마음과 뜻과 힘을 다 바쳐서 하나님만을 사랑하고 하나님만을 따르는 자리에 확고히 서는 것이다.

34

세례

지난 장에서 회개에 대한 이야기를 나누었다. 그런데, 회개에 대한 말씀을 대할 때 같이 대하게 되는 말씀이 세례에 대한 말씀이다.

마가복음 1:4

세례 요한이 광야에 이르러 죄 사함을 받게 하는 **회개**의 **세례**를 전파하니

누가복음 3:3

요한이 요단 강 부근 각처에 와서 죄 사함을 받게 하는 **회개**의 **세례**를 전파하니

누가복음 3:7, 8

요한이 **세례** 받으러 나아오는 무리에게 이르되 독사의 자식들아 누가 너희에게 일러 장차 올 진노를 피하라 하더냐 그러므로 **회**

개에 합당한 열매를 맺고 속으로 아브라함이 우리 조상이라 말하
지 말라

회개와 세례는 직접적인 관계가 있는 것을 분명히 볼 수 있다. 온전
한 회개가 없이 세례를 받는 것은 불가능하다는 말씀이다.

그럼, 하나님께서 온전히 받으실 모습이 아닌 나의 현재의 모습에서
완전히 돌아서서 하나님만을 경외하는 삶의 자리, 확고한 믿음의 자리
로 옮겨지는 회개를 한 우리에게 세례는 어떤 연관성이 있는지를 살펴
보는 시간을 가져 보자.

로마서 6:3-8
**무릇 그리스도 예수와 합하여 세례를 받은 우리는 그의 죽으심과
합하여 세례를 받은 줄**을 알지 못하느냐 그러므로 우리가 **그의 죽
으심과 합하여 세례를 받음으로 그와 함께 장사되었나니** 이는 아
버지의 영광으로 말미암아 그리스도를 죽은 자 가운데서 살리심
과 같이 우리로 또한 새 생명 가운데서 행하게 하려 함이라 만일
우리가 **그의 죽으심과 같은 모양으로 연합한 자가 되었으면** 또한
그의 부활과 같은 모양으로 연합한 자도 되리라 우리가 알거니와
우리의 옛 사람이 예수와 함께 십자가에 못 박힌 것은 죄의 몸이
죽어 다시는 우리가 죄에게 종노릇하지 아니하려 함이니 이는 죽

은 자가 죄에서 벗어나 의롭다 하심을 얻었음이라 **만일 우리가 그**
리스도와 함께 죽었으면 또한 그와 함께 살 줄을 믿노니

요한복음 12:24-26

내가 진실로 진실로 너희에게 이르노니 한 알의 밀이 땅에 떨어
져 **죽지 아니하면** 한 알 그대로 있고 **죽으면** 많은 열매를 맺느니
라 자기의 생명을 사랑하는 자는 잃어버릴 것이요 이 세상에서
자기의 생명을 미워하는 자는 영생하도록 보전하리라 사람이 나
를 섬기려면 나를 따르라 나 있는 곳에 나를 섬기는 자도 거기 있
으리니 사람이 나를 섬기면 내 아버지께서 저를 귀히 여기시리라

위 요한복음 12장 말씀은, 이 세상에서는 이해할 수 없는 생명의 메
시지를 씨앗을 비유로 설명을 해 주신 말씀이다. 전편과 앞 장들을 통
해서도 여러 번 나누었던 내용이다.(19)

이 세상에서는, 죽으면 없어지는 것이다. 죽으면 더 이상 소망이 없
는 것이다. 죽으면 실패한 것이다. 죽으면 모든 것이 끝난 것이다.

그런데 씨앗의 메시지를 보면, 죽어야 싹이 날 수 있고, 죽어야 자라
날 수 있고, 죽어야 열매를 맺을 수 있어서, 죽어야만 소망이 있는 것
이다.

우리는 너무나도 이 세상 생각으로 꽉 차 있어서, 세상의 생각과 다른 메시지가 마음에 다가오지를 않는다. 씨앗 메시지는 예수님께서 오셔서 자신의 모든 삶을 통해서 우리에게 설명을 해 주신 가장 중심적인 메시지이다.

주님께서 씨앗의 모습으로 이 세상에 오셔서 죽으심으로 인해서 부활의 길이 열렸고, 그로 인해서 많은 사람들이 영원한 생명으로의 부활을 누릴 수 있게 되어서 많은 열매를 맺게 되는 길이 열리게 되었다.

씨앗의 의미가 깨달아질 때, 예수님의 삶의 의미가 깨달아진다.

씨앗이 썩어 죽지 않으면, 아무리 오랜 시간이 지나도, 한 알 그대로 있을 수밖에 없지만, 썩어 죽으면 많은 열매를 맺고, 그 열매 안에는 또 다른 너무나도 많은 씨앗이 있다. 예수님께서 썩어 죽는 씨앗이 되어 주셔서 우리가 예수님의 열매로 맺히게 된 것이고, 우리 열매 안에도 씨앗이 있고, 그 씨앗들이 썩어 죽으면서 또 다른 많은 씨앗을 품고 있는 많은 열매들을 맺을 수가 있게 된다.

그래서, 씨앗의 모습으로 사신 예수님의 삶이 우리의 삶이 되어야 하는 것이 세례이다. 왜냐하면, 그의 죽으심과 합하여 우리도 장사되고, 그의 부활하심과 합하여 우리도 부활한다고 위에 로마서 6장 말씀이 설명을 하고 있다. 예수님께서 장사되시고 또 부활을 하시는 것은 이 세상에서의 씨앗의 모습의 삶을 이루시기 위해서 였는데, 그와 같이 장사되고 부활을 하여야 한다는 것은, 예수님의 씨앗의 삶을 우리도 동참을 하여야 한다는 의미일 수밖에 없다.

이제는, 예수님의 제자에게 세우신 기준에 대해서도 이해가 간다.

예수님께서 제자로 부르실 때에, 누가복음 14장 26, 27절에서 "무릇 내게 오는 자가 자기 부모와 처자와 형제와 자매와 더욱이 자기 목숨까지 미워하지 아니하면 능히 내 제자가 되지 못하고, 누구든지 자기 십자가를 지고 나를 따르지 않는 자도 능히 내 제자가 되지 못하리라" 라고 말씀을 하셨다. 제자로 부르심을 받는 것은, 씨앗이 썩어 죽게 되고 그 후에 열매를 맺게 되는 삶으로 초대를 받은 것이었다.

제자에게 십자가를 지고 주님을 따르라는 말씀과, 세례를 받으라는 말씀은 같은 뜻이었던 것이다. 왜냐하면, 세례를 받는 것이 곧 예수님과 함께 장사 지낸 바 되는 것이기 때문이다.

그래서, 예수님의 제자를 삼는 것에 대한 말씀 가운데에서 세례를 받는 것이 같이 설명이 되어 있다.

요한복음 4:1

예수께서 **제자를 삼고 세례를 베푸시는 것이** 요한보다 많다 하는
말을 바리새인들이 들은 줄을 주께서 아신지라

마태복음 28:19

그러므로 너희는 가서 모든 민족을 **제자로 삼아** 아버지와 아들과
성령의 이름으로 **세례를 베풀고**

회개를 하고 온전히 하나님께로 향한 마음들이 세례를 받고 예수님
과 함께 장사되어서 매 순간 십자가를 지고 주님을 따르는 삶을 살면
서 예수님의 제자들을 세워 나가는 것이 주님께서 승천하시면서 그의
제자들에게 부탁하셨던 삶이었다.

그러니까, 십자가를 지고 예수님을 따르는 삶, 예수님의 죽으심과
합하여 장사되는 삶은 선택이 아니라 필수라는 것이다. 왜냐하면, 마
가복음 16장 16절에, "믿고 세례를 받는 사람은 구원을 얻을 것이요 믿
지 않는 사람은 정죄를 받으리라"라고 말씀하셨기 때문이다.

온전히 하나님만을 두려워하고 세상을 두려워하지 않는 삶을 결단
한 사람들, 하나님만을 온 몸과 마음과 뜻을 다해서 사랑하고 믿고 따
르겠다는 확고 부동한 믿음이 있는 사람들이 아닐 때, 씨앗이 죽음 없

이 열매 맺을 수 없다는 사실을 이해할 수 없다. 그래서 하나님의 뜻을 알 수가 없다. 그리고, 그런 역사에 대해서 성경은 이렇게 설명하신다.

누가복음 7:30

바리새인과 율법교사들은 그의 세례를 받지 아니함으로 그들 자신을 위한 하나님의 뜻을 저버리니라

35

성령 세례

앞에서 언약을 통한 하나님의 역사들을 알아보면서, 인류의 전체 역사를 통해서 베풀어 오신 하나님의 구원의 프로젝트를 결국 성취를 하시는 것은 예수님과 성령님의 사역을 통해서라는 이야기를 나누었다. 그러면서 지난 장까지 예수님께서 언약의 성취를 위해서 하신 역사들을 살펴보았는데, 예수님의 사역은 성령님의 사역으로 연결이 된다. 예수님께서 사역을 감당을 하시고 하나님께로 떠나가시게 되면서, 성령님께서 예수님의 사역을 계속해서 감당하시도록 하나님께서 우리에게 성령님을 보내 주셨기 때문이다.

지난 장들을 통해서 예수님의 사역들을 돌아보면서, 회개를 하고 온전히 하나님께로 향한 마음들이 세례를 받고 예수님과 함께 장사되어서 매 순간 십자가를 지고 주님을 따르는 삶을 살면서 예수님의 제자들을 세워 나가는 것이 주님께서 승천하시면서 그의 제자들에게 부탁하셨던 삶이라는 이야기를 하였다. 그런데, 예수님께서 부탁하신 삶을 사는 제자들에게 보내 주신 선물이 성령님이었다.

사도행전 2:38

베드로가 이르되 너희가 회개하여 각각 예수 그리스도의 이름으로 세례를 받고 죄 사함을 받으라 그리하면 성령의 **선물**을 받으리니

사도행전 8:20

베드로가 이르되 네가 하나님의 **선물**을 돈 주고 살 줄로 생각하였으니 네 은과 네가 함께 망할지어다

사도행전 11:17

그런즉 하나님이 우리가 주 예수 그리스도를 믿을 때에 주신 것과 같은 **선물**을 그들에게도 주셨으니 내가 누구이기에 하나님을 능히 막겠느냐 하더라

위 사도행전 2장 38절에서 말씀하시는 것처럼, 예수님의 사역의 결과로 우리가 회개하고 세례를 받고 죄사함을 얻게 되면 받게 되는 선물이 성령님이시라는 것이다.

성령님을 선물로 주셔서 우리와 함께 거하게 하신 것은, 언약의 약속

의 말씀을 성취해 주신 역사이기도 하다. 아래의 언약의 말씀들이 성령님을 우리에게 선물로 보내 주심으로 인해서 성취되었기 때문이다.

예레미야 31:33

그러나 그 날 후에 내가 이스라엘 집과 맺을 언약은 이러하니 곧 내가 나의 법을 그들의 속에 두며 그들의 마음에 기록하여 나는 그들의 하나님이 되고 그들은 내 백성이 될 것이라 여호와의 말씀이니라

예레미야 24:7

내가 여호와인 줄 아는 마음을 그들에게 주어서 그들이 전심으로 내게 돌아오게 하리니 그들은 내 백성이 되겠고 나는 그들의 하나님이 되리라

회개와, 예수님을 믿음과, 예수님과 함께 장사되고 함께 부활하는 세례가 이루어진 하나님의 백성들의 마음에 하나님께서 영으로 오셔서 영원히 우리와 거하시겠다는 약속을 성령님을 보내 주셔서 믿는 자들의 마음에 임하시면서 온전히 이루신 것이었다.

그래서, 성령님이 임하신 사람들의 삶은 내가 사는 것이 아니라, 내 안에 주님이 사시는 삶이다.

요한복음 14:17

그는 진리의 영이라 세상은 능히 그를 받지 못하나니 이는 그를 보지도 못하고 알지도 못함이라 그러나 너희는 그를 아나니 그는 너희와 함께 거하심이요 또 너희 속에 계시겠음이라

사도행전 1:8

오직 성령이 너희에게 임하시면 너희가 권능을 받고 예루살렘과 온 유대와 사마리아와 땅 끝까지 이르러 내 증인이 되리라 하시니라

로마서 8:9

만일 너희 속에 하나님의 영이 거하시면 너희가 육신에 있지 아니하고 영에 있나니 누구든지 그리스도의 영이 없으면 그리스도의 사람이 아니라

내 수준의 삶이 아니라, 하나님 수준의 삶으로 바뀌는 것이다.

우리가 여기에서 진실된 마음으로 말씀과 우리의 삶을 비추어 보는 것이 너무나도 필요하다.

나는 정말로 하나님의 선물인 성령님을 받았나?

나는 정말로 성령님을 알고, 그와 함께 거하고 있나?

나는 정말 성령님의 권능으로 예수님의 증인 된 삶을 살고 있나?

나는 정말 육신에 속한 삶이 아니라 영에 속한 삶을 살고 있나?

나는 정말 그리스도의 영을 소유한 그리스도의 사람인가?

이 부분에 있어서, 교회의 역사 가운데 얼마나 많은 성령님의 임재에 대한 잘못된 이해와 잘못된 사용이 있었는지 돌아보아야 한다.

성령님이 내 안에 임재하고 계시다는 것을 깨닫는 것이 내 안에 성령님에 의해서가 아니라 교회의 가르침에 의해서였기 때문이다.

예수님을 믿는다고 고백한 모든 사람은 벌써 성령이 임한 것이라고도 하고,

기도를 하다가 영적인 체험을 하고 방언을 하였다고 하면 벌써 성령이 임한 것이라고도 하고,

예수님을 내 마음으로 모셔 드리는 기도를 한 사람들은 벌써 성령이 임한 것이라고도 하고,

자신이 기독교인이라고 믿는 모든 하나님의 백성들에게 벌써 성령은 임한 것이라고 하기도 한다.

그런데, 그런 가르침으로는 성경말씀의 성취가 삶 가운데서 보이지

않는다.

갈라디아서 5장 16-18절에서, "내가 이르노니 너희는 성령을 따라 행하라 그리하면 육체의 욕심을 이루지 아니하리라 육체의 소욕은 성령을 거스르고 성령은 육체를 거스르나니 이 둘이 서로 대적함으로 너희가 원하는 것을 하지 못하게 하려 함이니라 너희가 만일 성령의 인도하시는 바가 되면 율법 아래에 있지 아니하리라"라고 말씀하는데, 성령을 따라 행하려고 할 때에, 내 마음 가운데에, 내가 따라가야 할 성령님의 인도하심의 역사가 없다.

또한, 요한복음 16장 13절에서, "그러나 진리의 성령이 오시면 그가 너희를 모든 진리 가운데로 인도하시리니…"라고 말씀을 하는데, 진리 가운데로 인도하시는 성령님의 임재하심에 대해서 나는 무지하다.

그리고, 요한복음 7장 38-39절에는, "나를 믿는 자는 성경에 이름과 같이 그 배에서 생수의 강이 흘러나오리라 하시니, 이는 그를 믿는 자들이 받을 성령을 가리켜 말씀하신 것이라…"라고 말씀을 하는데, 성령님이 오셔서 배에서 생수의 강이 흘러나오는다는 것이 뭔지 전혀 모르겠다.

이런 상황이어도 내 안에 성령이 계신다고 생각하고 믿고 있었던 것은, 교회에서 그렇게 이야기를 하기도 하고, 또 다른 사람들도 같은 상황인데 다들 그렇게 믿고 있으니까 그냥 그런 거라고 생각을 하고 있었다.

지난 장들을 통해서 하나님의 역사를 보아 오면서 느꼈듯이, 하나님은 자신이 하신 말씀에 조금도 어긋나게 역사하시지 못하시는 분이시며, 또한 자신의 말씀을 온전히 다 이루도록 역사하시는 분이시다. 하나님께서 인류의 역사 전체를 이어 오시면서 우리를 향한 구원 프로젝트를 진행해 오셨고, 예수님을 보내서 도저히 해결할 수 없었던 우리의 저주의 문제를 해결하셨으며, 그 후에 하나님의 영을 우리 마음 가운데에 보내 주셔서, 율법이 아닌 하나님의 영으로 우리가 인도를 받는 것이, 하나님의 언약의 온전한 성취된 모습이다. 그래서, 하나님의 영, 성령으로 인도하심을 받는 것이, 종교적인 수준으로, 형식적인 수준으로만 이해된다면, 하나님의 구원의 역사의 가장 중요한 부분을 놓치는 것이 된다.

먼저, 우리가 회개를 하고 예수님을 향한 온전한 믿음이 있고, 예수님과 장사 지낸 바 된 삶을 살 때, 성령님이 우리 안에 임하시게 되는 것은 기정 사실이다. 너무 확실한 사실이기 때문에 의심의 여지가 없다. 그런데, 우리의 회개가, 우리의 믿음이, 우리의 세례가 진정한 것이었는지에 대해서는 분명하게 확증을 해 보아야 한다. 고린도후서 13

장 5절에서, "너희는 믿음 안에 있는가 너희 자신을 시험하고 너희 자신을 확증하라 예수 그리스도께서 너희 안에 계신 줄을 너희가 스스로 알지 못하느냐 그렇지 않으면 너희는 버림 받은 자니라"라고 하신다. 내 안에 계신 예수님은 곧 성령님이다. 내 안에 성령님이 계신 것을 성령님이 임한 사람은 도저히 모를 수가 없다.

여기에서 우리가 잘 모르는 부분이 있다. 하나님께서 우리 마음의 중심을 확인하시는 것에 얼마나 마음을 쓰시는지에 대해서 너무나도 무지하다. 하나님께서 말씀을 통해서, 우리의 마음이 하나님 앞에서 어떠한지를 Test한다는 말씀을 참 많이 하셨다. 아래의 말씀은, 우리 마음을 시험하시는 하나님에 관한 말씀이다.

창세기 22:1

그 일 후에 하나님이 아브라함을 **시험하시려고** 그를 부르시되 아브라함아 하시니 그가 이르되 내가 여기 있나이다

신명기 13:3

너는 그 선지자나 꿈 꾸는 자의 말을 청종하지 말라 이는 너희의 하나님 여호와께서 **너희가 마음을 다하고 뜻을 다하여 너희의 하나님 여호와를 사랑하는 여부를 알려 하사 너희를 시험하심이니라**

예레미야 20:12

의인을 시험하사 그 폐부와 심장을 보시는 만군의 여호와여…

사사기 2:22

이는 이스라엘이 그들의 조상들이 지킨 것 같이 나 **여호와의 도
를 지켜 행하나 아니하나 그들을 시험하려** 함이라 하시니라

예레미야 17:10

나 여호와는 **심장을 살피며 폐부를 시험하고** 각각 그의 행위와
그의 행실대로 보응하나니

우리의 마음을 시험한다는 내용만이 아니라, 우리의 마음을 꿰뚫어
보시듯 주시하며 감찰하신다는 내용의 말씀도 참 많다. 어떤 것보다도
우리의 마음의 중심을 관찰하시고 조사하시며 주시하시는 것에 마음
을 쏟으시는 하나님이심을 알 수 있다. 아래는, 우리 마음을 관찰하시
는 하나님에 관한 말씀이다.

잠언 15:3

여호와의 눈은 어디서든지 악인과 선인을 **감찰**하시느니라

데살로니가전서 2:4

오직 하나님께 옳게 여기심을 입어 복음을 위탁 받았으니 우리가 이와 같이 말함은 사람을 기쁘게 하려 함이 아니요 오직 우리 **마음을 감찰하시는** 하나님을 기쁘시게 하려 함이라

역대상 28:9

내 아들 솔로몬아 너는 네 아버지의 하나님을 알고 온전한 마음과 기쁜 뜻으로 섬길지어다 여호와께서는 **모든 마음을 감찰하사 모든 의도를 아시나니** 네가 만일 그를 찾으면 만날 것이요 만일 네가 그를 버리면 그가 너를 영원히 버리시리

역대상 29:17

나의 하나님이여 주께서 **마음을 감찰하시고** 정직을 기뻐하시는 줄을 내가 아나이다…

잠언 21:2

사람의 행위가 자기 보기에는 모두 정직하여도 여호와는 **마음을 감찰하시느니라**

외식에 대해서 이야기를 하면서, 외식은 사람의 눈을 의식하는 것이 아니라, 하나님의 눈앞에서 사는 것이라고 이야기를 나눴었다. 그런

데, 하나님의 눈이, 이렇게 우리 마음을 주시하고 계시고, 우리의 마음이 하나님을 온 마음 다해 사랑하고 있는지를 시험하시고, 마음속까지도 관찰하고 감찰을 하시는 하나님이신지 너무나도 몰랐다.

하나님의 마음을 알고 나니까, 예수님을 믿는다는 우리의 삶에 성령님의 선물을 받은 흔적이 없는 것이 이해가 된다.

우리의 마음을 시험하시고 감찰하시는 하나님께서, 사람들의 눈을 의식하며 살던 내가 온전히 돌아서서 하나님의 눈앞에서만 확고히 서는 삶을 사는 회개가 이루어졌는지, 우리에게 구원을 주시기 위해서 아들까지 보내 주신 하나님만을 두려워하고 세상을 두려워하지 않는 믿음이 있는지, 주님과 함께 장사되고 하나님만을 위한 삶을 사는지 모르실 수가 없다. 진정한 회개와 믿음과 세례가 있을 때, 성령님을 선물로 주시기를 기다리시고 소원하시는 분은 하나님이시다. 왜냐하면, 누가복음 11장 13절에, "너희가 악할지라도 좋은 것을 자식에게 줄 줄 알거든 하물며 너희 하늘 아버지께서 구하는 자에게 성령을 주시지 않겠느냐 하시니라"라고 말씀하셨다. 성령을 주시고자 소원하시는 하나님께서, 우리가 회개하고 주님을 믿고 주님과 함께 장사 지낸 바 된 삶을 살기를 얼마나 더 기대하시고 기다리고 바라실지 이제는 이해가 간다.

우리 안에 참회개와 믿음과 세례가 있을 때, 하나님께서 약속하신 대로 성령님이 우리 가운데 임하신다.

성령님께서 우리 가운데에 오셨을 때에 우리가 그 사실을 알 수밖에 없는 것은, 육에 속한 우리, 육신의 소욕을 가지고 있는 우리에게, 육신의 소욕과 다른 소욕이 생겼기 때문이다. 소욕은 바라는 마음이다. 자기 중심적이고 어두움이던 내 마음에, 나는 낮아지고 하나님만 영광을 받으시기를 소원하는 마음이 생겼다. 모든 어두움 가운데에서 돌아서서 하나님만을 기쁘시게 하는 삶을 살기를 소원하는 마음이 생겼다. 육신적인 소욕들을 다 버리고 하나님의 뜻만을 따르며 살기를 소원하는 마음이 생겼다. 예레미야 31장 33절에, "그러나 그 날 후에 내가 이스라엘 집과 맺을 언약은 이러하니 곧 내가 나의 법을 그들의 속에 두며 그들의 마음에 기록하여 나는 그들의 하나님이 되고 그들은 내 백성이 될 것이라 여호와의 말씀이니라"라고 하신 새 언약의 약속의 말씀을 나의 마음에 이루신 하나님께 찬양할 수밖에 없는 마음이 생겼다.

36

성령의 인도하심

지난 장에서 성령님이 하나님의 마음으로 우리 안에 임하는 것에 대한 이야기를 하였다. 그런데, 궁금한 생각이 드는 것이 있다. 나는 성령님의 소욕에 대해서는 잘 모르겠지만, 하나님을 잘 믿고 착하게 성실하게 열심히 살고자 하는 마음이 항상 있었기 때문에, 어두움과 빛으로 나누어지는 것과 같은 깨달음이 있어 보지 않았다는 생각이다.

그런데 선악과를 먹은 결과로 죄인이 된 우리는, 선한 행동과 선한 마음을 가질 수 있다고 생각을 하는 마음이 있다. 그렇지만, 내가 선한 마음으로 하나님을 공경할 수 있다고 생각하는 마음에는, 그는 흥하고 나는 쇠하여야 하리라 하는 마음이 아니라, 그도 흥하고 나도 흥하여야 하리라 하는 마음이 숨어 있다. 내가 하나님으로 인해서 잘되기를 바라는 마음에서 하나님을 믿고 착하게 살아 보고자 하는 마음을 갖는다는 것이다. 다시 말해서, 내가 죄인이고 어두움이기 때문에, 우리의 빛이 되시고 죄를 사해 주시는 하나님 앞에, 내가 예수님과 십자가에 못 박히기 원하는 회개와 세례 받음이 없다는 것이다.

그러니까, 선악과 수준의 선을 가지고는 영원한 생명을 얻을 수가 없고, 생명나무 수준의 선으로만 영원한 생명을 얻을 수가 있는데, 선악과 수준의 인간에게서 나오는 선행의 마음이 성령님의 마음일 것이라고 착각을 하고 있다는 것이다.

성령님께서 빛을 비출 때에는, 그러한 숨겨진 어두움이 비춰져서 통회하는 마음으로 하나님 앞에 나아가게 된다.

성령님께서 깨달음으로 임하여 주시면, 그러한 나 중심적이었던 생각들이 드러나서 애통하는 마음으로 하나님 앞에 회개하게 된다.

성령님께서 인도를 해 주시는 길은, 그러한 육신에 속한 마음들이 조명이 되어서, 매 순간 나를 내려놓고 하나님의 뜻만을 따라가기 소원하게 된다.

그런데, 우리 인간들은 언제나 한결같으시고 절대적이신 하나님의 모습과는 반대되는 모습을 소유하고 있다. 하나님께서 우리에게 성령님으로 임하시면, 이제부터 우리의 하나님이 되셔서, 그분의 백성인 우리와 참믿음과 사랑의 관계를 시작하는 것으로 하나님은 생각을 하는데, 우리는, 에베소서 1장 13절 말씀에서, "…복음을 듣고 그 안에서 또한 믿어 약속의 성령으로 인치심을 받았으니"라고 말씀하셨다고 하면서, 영원한 생명을 벌써 다 얻었으며, 하나님의 왕국을 소유한 것에 대한 도장까지 받은 자들이라는 생각을 가지고, 모든 것이 다 이루어진 것으로, 시작이 아닌 끝인 것으로 생각을 한다. 하나님의 생각과는 너무나도 다른 생각을 가진 우리의 모습을 보고 놀라지 않을 수 없다.

신약성경에는 성령의 인도하심을 받으면서 사는 것에 대한 많은 설명이 있다.

로마서 6:3-7

무릇 그리스도 예수와 합하여 세례를 받은 우리는 그의 죽으심과 합하여 세례 받은 줄을 알지 못하느뇨 그러므로 **우리가 그의 죽으심과 합하여 세례를 받음으로 그와 함께 장사되었나니** 이는 아버지의 영광으로 말미암아 그리스도를 죽은 자 가운데서 살리심과 같이 우리로 또한 **새 생명 가운데서 행하게 하려 함이니라** 만일 우리가 그의 죽으심을 본받아 연합한 자가 되었으면 또한 그의 부활을 본받아 연합한 자가 되리라 우리가 알거니와 우리 옛 사람이 예수와 함께 **십자가에 못 박힌 것은** 죄의 몸이 멸하여 다시는 우리가 **죄에게 종노릇하지 아니하려 함이니** 이는 죽은 자가 죄에서 벗어나 **의롭다 하심을 얻었음이니라**

이 내용이 바로 십자가의 도에 대한 설명이다. 전편을 통해서 계속해서 이야기를 하고, 예수님의 메시지의 전체가 부활의 메시지이고 십자가의 메시지이며, 한 알의 밀이 땅에 떨어져 죽어야 열매를 맺을 수 있다는 내용이며, 결국 부흥의 메시지이다. 십자가의 메시지는 항상 이해가 쉽지 않은 것이, 우리 생각 가운데에, 죽는 것이 끝이라는 생각을 가지고 있기 때문이다. 그런데, 예수님께서 씨앗을 통해서 설명을 해 주신 것이, 죽으면 끝이 아니라, 죽을 때 열매 맺게 되는 축복의 길이 열린다는 것이었다. 그리고, 직접 자신의 삶을 통해서 한 알의 씨앗처럼 썩어 죽는 희생을 하셨지만, 결국 부활하셔서 많은 열매를 맺게 되는 결과를 우리에게 확증하시며 보여 주셨다.

그래서, 예수님을 믿는다는 것은, 그런 죽음을 이기는 부활의 역사를 이루신 예수님을 온전히 믿고, 나도 예수님과 같이 십자가에 죽는 것을 선택해서 예수님께서 이루신 부활의 삶을 산다는 내용을 포함을 하고 있고, 그것이 부흥의 삶이다.

갈라디아서 2장 20절에, "내가 그리스도와 함께 십자가에 못 박혔나니 그런즉 이제는 내가 산 것이 아니요 오직 내 안에 그리스도께서 사신 것이라 이제 내가 육체 가운데 사는 것은 나를 사랑하사 나를 위하여 자기 몸을 버리신 하나님의 아들을 믿는 믿음 안에서 사는 것이라"라고 설명을 한다.

성령의 인도하심을 받는 삶이라는 것은, 부활의 삶이며, 부흥의 삶
이다. 예수님과 같이 십자가에 못 박혀 죽은 자들이, 내 안에 오신 예
수님의 마음, 곧 성령님의 소욕을 따라서 나를 위해서 살지 않고, 하나
님이 소원하시고 바라시는 마음을 따라서, 믿음으로 사는 삶을 이야기
하는 것이다.

로마서 8:5-8

육신을 좇는 자는 육신의 일을, 영을 좇는 자는 영의 일을 생각하
나니, 육신의 생각은 사망이요 영의 생각은 생명과 평안이니라
육신의 생각은 하나님과 원수가 되나니 이는 하나님의 법에 굴복
치 아니할뿐 아니라 할 수도 없음이라 **육신에 있는 자들은 하나
님을 기쁘시게 할 수 없느니라**

로마서 8:12-14

그러므로 형제들아 우리가 빚진 자로되 육신에게 져서 육신대로
살 것이 아니니라 너희가 **육신대로 살면 반드시 죽을 것이로되
영으로써 몸의 행실을 죽이면 살리니** 무릇 하나님의 영으로 인도
함을 받는 그들은 곧 하나님의 아들이라

고린도전서 9:27

내가 **내 몸을 쳐 복종하게 함은** 내가 남에게 전파한 후에 자기가

성령의 인도하심을 받는 삶은 내 안에 오신 성령님의 소욕, 곧 하나님의 소원하시는 마음을 따라 사는 삶인데, 그렇게 하기 위해서 성경에서 당부하는 말씀이, 내 안에 있는 하나님의 소원하시는 마음이 아닌 나 중심적인 육신의 마음을 계속해서 버리고, 내려놓고, 죽게 해야 한다는 것이다. 성령님께서는 절대로 강압적으로 우리를 조종하면서, 억압적으로 우리 삶의 결정들을 지어 가며 인도하지 않으신다. 그래서, 우리가 자원하는 마음으로, 사랑하는 마음으로 매 순간 나를 내려놓으면서 성령님의 소욕만이 이루어지도록 하는 결정을 하여야 한다는 것이다. 그러한 삶에 대해서 아래 말씀이 설명을 해 주신다.

로마서 14:7-8

우리 중에 누구든지 자기를 위하여 사는 자가 없고 자기를 위하여 죽는 자도 없도다 우리가 살아도 주를 위하여 살고 죽어도 주를 위하여 죽나니 그러므로 사나 죽으나 우리가 주의 것이로라

우리가 어두움임을 알고, 우리에게 영원한 생명을 얻도록 해 주신 하나님의 은혜에 너무나도 감격하여서, 내가 원하는 마음을 따라가는 것이 아니라, 내 안에 성령님께서 원하시는 마음만을 따라가면서 살 때, 우리는 우리를 위해서 사는 것이 아니라, 하나님을 위해서 사는 삶

을 사는 것이고, 그렇게 나의 모든 육 적인 소욕을 내려 놓은 삶이, "살아도 주를 위해서 살고 죽어도 주를 위해서 죽는", 온전히 주의 것이 되는 것이다. 그리고, 하나님의 역사를 우리를 통해서 어떻게 이루어 가시는지를 다음의 말씀들이 설명을 해 준다.

고린도전서 2:11-12

사람의 사정을 사람의 속에 있는 영 외에는 누가 알리요 이와 같이 **하나님의 사정**도 하나님의 영 외에는 아무도 알지 못하느니라 우리가 세상의 영을 받지 아니하고 오직 **하나님께로 온 영을 받았으니** 이는 우리로 하여금 하나님께서 우리에게 은혜로 주신 것들을 알게 하려 하심이라

빌립보서 2:13

너희 안에서 행하시는 이는 하나님이시니 자기의 기쁘신 뜻을 위하여 너희로 **소원을 두고 행하게 하시나니**

성령님의 인도하심을 받는 우리는, 하나님의 영을 받은 자들이다. 그런데 위에 말씀에서 설명을 하시기를, 하나님의 영만이 하나님의 사정을 알 수 있다고 한다. 그렇다면 우리는 하나님의 영을 받은 자들이기 때문에 하나님의 사정을 알 수 있다. 하나님께서 바라시는 것, 하나님께서 소원하시는 것, 하나님의 기뻐하시는 뜻, 그것이 곧 성령님의

소욕이고, 우리 안에 육신의 소욕이 내려놓아질 때 알 수 있는 성령님의 마음이다. 그리고, 하나님을 온 몸과 마음과 뜻을 다해서 사랑을 하는 우리에게는 하나님의 소원이 나의 소원이 된다. 그리고 하나님께서는 내 마음 안에 심어 주신 하나님의 소원을 두고 행하게 하신다고 말씀을 하신다. 하나님을 기쁘시게 해 드리고자 할 때 마음에 품게 된 소원들을 결국 이루게 하시도록 역사를 하시면서 하나님의 기쁘신 뜻이 이루어진다는 것이다. 그렇게 하면서 하나님은 우리를 통해서 하나님의 나라를 확장해 나가신다. 그것이 부흥을 이룬 자들의 횃불을 드는 삶이다.

37

성령에 대한 잘못된 인식

외식을 할 때 나타나는 특징 중에 하나가, 하나님께서 귀하게 생각하시는 것들을 우리는 겉으로 나타나지고 보이는 것으로만 계속해서 이해를 하게 되면서 진정 중요한 것을 놓치게 된다는 것이다. 그런데, 그런 외형적인 것으로만 관심과 마음을 돌리면서 가장 중요한 것을 놓치게 되는 경우가 성령님의 인도하심을 따르는 삶 가운데에서도 많이 나타난다.

성령님께서 우리에게 오셨을 때, 하나님의 영, 그리스도의 영이 우리 가운데 임하시게 된 것이기 때문에, 우리의 마음, 우리의 영 가운데에 역사하셔서 인도하시는 부분에 여러 현상들이 나타날 수 있고, 그런 사실은, 성경말씀들을 통해서도 기록이 되어 있는 사실들이다. 사도 바울을 통해서 나타나는 능력에 대한 말씀도 많이 기록이 되어 있다. 또한 믿는 자에게 능치 못할 일이 없다고 하신 말씀대로, 성령의 인도하심을 받는 자들의 믿음을 통해서 매 순간 기적의 역사를 하실 수 있는 하나님을 믿는다.

그런데, 우리가 놓치고 있는 것은, 성경말씀에서 나타나는 겉으로 보여지는 현상만을 따라가면서 성령님의 인도하심을 온전히 따르는 삶이라고 착각을 하고 있으며, 결국 성령님께서 오셔서 이루고자 하시는 하나님의 참뜻은 놓치고 있다는 것이다.

마지막 때에 이러한 미혹들이 있을 것이라는 것은 말씀에서 여러 번 경고를 하신 내용이다.

마태복음 24:11
거짓 선지자가 많이 일어나 많은 사람을 **미혹**하게 하겠으며

마태복음 24:24
거짓 그리스도들과 거짓 선지자들이 일어나 큰 표적과 기사를 보이어 할 수만 있으면 택하신 자들도 **미혹**하게 하리라

마가복음 13:22
거짓 그리스도들과 거짓 선지자들이 일어나서 이적과 기사를 행하여 할 수만 있으면 택하신 백성을 **미혹**케 하려 하리라

여기에서 놓칠 수 있는 부분이, 거짓 선지자들도 자신이 거짓 선지자의 자리에 서게 된 것을 모르고 하나님을 위해서 한다고 생각을 하면서 사역을 하기 때문에 사람들에게 미혹이 될 수 있다는 것이다.

요한복음 16장 2절에, "사람들이 너희를 출회할 뿐 아니라 때가 이르면 무릇 너희를 죽이는 자가 생각하기를 이것이 하나님을 섬기는 예라 하리라"라고 말씀을 하셨다. 사람들이 하나님의 자녀들을 죽이는 상황에서도 그것이 하나님을 섬기기 위함이라고 생각할 수 있을 정도로, 하나님을 대적하는 자들이 자신이 하나님을 대적하는지 깨닫지 못하고 오히려 하나님을 위해서 사역을 한다고 생각한다는 것이다.

앞에서 나눈 내용들을 볼 때, 바리새인들과 사두개인들은 하나님을 위해서 열심을 내고 온 힘을 다해서 하나님을 위해서 산다고 생각을 하던 자들이었다. 그런데, 예수님께서는 자신들이 아브라함의 자손이라고 하는 유대인들에게 다음과 같이 말씀을 하셨다.

요한복음 8:42-44
예수께서 가라사대 하나님이 너희 아버지였으면 너희가 나를 사랑하였으리니 이는 내가 하나님께로 나서 왔음이라 나는 스스로 온 것이 아니요 아버지께서 나를 보내신 것이니라 어찌하여 내 말을 깨닫지 못하느냐 이는 내 말을 들을줄 알지 못함이로다 **너**

희는 너희 아비 마귀에게서 났으니 너희 아비의 욕심을 너희도
행하고자 하느니라 저는 처음부터 살인한 자요 진리가 그 속에
없으므로 진리에 서지 못하고 거짓을 말할 때마다 제 것으로 말
하나니 이는 저가 거짓말장이요 거짓의 아비가 되었음이니라

이 말씀은 정말 너무나도 경각심을 크게 일으키는 말씀이다. 육신적
으로 아브라함의 자손으로서 평생 율법을 지키며 말씀 가운데 산다고
생각을 하는 이 유대인들에게, 자신들의 아버지가 마귀이며, 자신들의
아버지 마귀는 살인자요, 거짓말쟁이요, 거짓의 아비이며, 그 마귀의
행동을 그들도 행하고자 한다고 말씀을 하는 내용이다.

이들이 단 한 번이라도 자신들이 마귀의 자식들이라는 것을 상상이
나 해 보았을까?

이들이 자신들이 마귀가 하는 짓을 하는 자들이라고 생각해 본 적이
있을까?

이들이 하나님의 자녀들이 아니라고 생각을 할 수 있었을까?

정말 상상도 못할 내용의 말씀을 예수님께서 하신 것이다.

그렇지만, 예수님의 말씀은 사실이었다. 그들은 외식하는 자들이었
고, 세상 사람들의 인정을 받기 원하는 자들이었다. 그렇기 때문에, 하
나님께 속한 자들이 아니었던 것이 분명하다. 그리고, 우리는 다 어두
움이며, 빛이신 주님께 나올 때만 하나님께 속하게 되는 것임으로, 그

들은 어두움 가운데 있었던 것이 맞고, 그래서 그들은 어두움의 자식들이 맞다. 자신들이 몰랐다는 것뿐이다.

그렇다면 같은 기준을 가지고 우리를 비추어 보아야 한다. 요한1서 4장 1절에서는, "사랑하는 자들아 영을 다 믿지 말고 오직 영들이 하나님께 속하였나 시험하라 많은 거짓 선지자가 세상에 나왔음이니라"라고 말씀하신다.

말씀 가운데에서, 그러한 미혹에 대해서 어떻게 우리를 준비를 하기를 원하시는지에 대한 내용들을 살펴보겠다.

데살로니가후서 2:9, 10
악한 자의 임함은 **사단의 역사를 따라 모든 능력과 표적과 거짓 기적과 불의의 모든 속임으로 멸망하는 자들에게 임하리니** 이는 저희가 진리의 사랑을 받지 아니하여 구원함을 얻지 못함이니라

이 말씀으로 볼 때, 모든 능력과 표적과 거짓 기적들이 성령님의 역사하심이 아니고도 나타날 수 있는 것을 분명히 말씀을 하신다. 그러한 표적과 기적이 그들을 따라야 하는 기준이 되면 절대로 안 된다. 또한 속임이라는 말을 볼 때, 위에 예수님의 말씀의 설명처럼, 그런 표적과 기적들이 나타나게 된 당사자조차도 자신이 하나님을 위한 일을 하

고 있다고 생각을 할 수 있다는 것이다. 그래서, 주님과 함께 장사 지낸 바 되고 부활의 역사 가운데에서 성령님의 인도하심을 받는 자인지 아니면 그러한 진리의 사랑을 받지 아니하여 구원함을 얻지 못할 자인지를 분별을 하여야 한다는 것이다.

고린도후서 11:13-15

저런 사람들은 거짓 사도요 궤휼의 역군이니 자기를 그리스도의 사도로 가장하는 자들이니라 것이 이상한 일이 아니라 사단도 자기를 광명의 천사로 가장하나니, 그러므로 사단의 일군들도 자기를 의의 일군으로 가장하는 것이 또한 큰 일이 아니라 저희의 결국은 그 행위대로 되리라

이 말씀 가운데에서도 분명히 볼 수 있는 것은, 사단의 일군도 자기를 의의 일군으로 가장을 한다는 것을 우리가 꼭 기억을 해야 한다. 그래서, 히브리서 13장 7절에서 말씀하시기를, "하나님의 말씀을 너희에게 이르고 너희를 인도하던 자들을 생각하며 저희 행실의 종말을 주의하여 보고 저희 믿음을 본받으라"라고 하셨다. 우리에게 하나님의 말씀을 가르치고 인도하던 자들이라고 할지라도, 그들의 행실의 종말을 주의하여 보고 나서, 그들을 본받으라고 말씀을 하셨다. 위의 말씀에서도, "저희의 결국은 그 행위대로 되리라"라고 말씀을 하신다. 기적과 역사가 나타나는 자라고 하더라도, 그 사람에게서 하나님의 마음, 성

령님의 소욕만을 좇고, 자신의 육체적인 소욕을 십자가에 내어 버리는 자인지 아닌지를 주의하여 보라고 말씀을 하시는 것이다.

위에 말씀을 통해서도 볼 수 있듯이, 이들은 거짓 선지자와 거짓 선생들에 대해서, 멸망을 스스로 취하는 자들이라고 설명을 한다. 그러나 거짓 선지자와 거짓 선생들이 자신들이 멸망을 스스로 취하고 있다는 사실을 알면서 그렇게 하지는 않을 것이다. 그런데, 여기에서 호색이라는 단어는 방탕이라는 뜻이다. 결국 우리의 육신의 소욕이 십자가에 죽는 것이 없이 이론만을 주장을 하는 자들은 결국 주님을 부인하게 되고 진리의 도에 서지 않게 되는 것에 대해서 경고를 하시는 내용이다.

성령의 인도하심을 받는 삶은 성령님의 소욕인 하나님의 마음을 따르면서 하나님의 소원을 이루는 삶이다. 그러한 성령님의 인도하심을 받는 삶은, 우리의 육체적인 소욕을 내려놓을 때 따를 수 있는 삶이다. 결국 갈라디아서 2장 20절, "내가 그리스도와 함께 십자가에 못 박혔나니 그런즉 이제는 내가 산 것이 아니요 오직 내 안에 그리스도께서 사신 것이라 이제 내가 육체 가운데 사는 것은 나를 사랑하사 나를 위하여 자기 몸을 버리신 하나님의 아들을 믿는 믿음 안에서 사는 것이라"라는 말씀대로 사는 삶이다. 그것은 부흥의 삶이며, 부흥의 횃불을 드는 삶이다.

이 세상에서 죽기를 원하는 사람은 아무도 없다. 히브리서 2장 15절에, "또 죽기를 무서워하므로 일생에 매여 종노릇하는 모든 자들을 놓아 주려 하심이니"라는 말씀처럼 우리 인간들은 다 죽기를 무서워하는 자들이다. 그래서, 자꾸만 내가 죽어야 하는 상황은 배제하면서도 하나님의 자녀로서의 혜택은 누리고자 하는 마음이 있다. 그래서 외식하게 된다. 예수님께서 오셔서 죽지 않으시고 열매 맺으실 수 없었던 것처럼, 우리가 주님과 함께 십자가에 죽지 않고는 부활의 역사를 동참을 할 수가 없는데, 인간은 죽음을 거치지 않고 영적인 역사를 누리고자 한다. 그래서, 거짓 선지자가 되고, 거짓 선생이 된다. 성령을 받지 않았으면서도, 성령의 인도하심을 받는 삶을 살지 않으면서도, 사람들을 영적으로 인도한다고 하는 지도자들은 결국 다 거짓 선지자이고 거짓 선생들이라는 것이다.

하나님만을 두려워해야 매 순간 육신적인 것을 죽음으로 내어놓을 수가 있다, 그럴 때에만 성령님의 인도하심을 받는 삶을 살 수 있다는 것이다. 그 진리의 기준으로 거짓 선지자들을 분별을 해야 하며 자신의 믿음을 시험하여야 한다. 그리고, 그런 믿음과 분별이 없는 삶에 대해서 성경은 이렇게 말씀하신다.

데살로니가후서 2:11, 12

이러므로 하나님이 유혹을 저의 가운데 역사하게 하사 거짓 것을 믿게 하심은 진리를 믿지 않고 불의를 좋아하는 모든 자로 심판을 받게 하려 하심이니라

38

믿음의 삶

교회를 다니기 때문에, 예수님께 기도를 하면서 살기 때문에, 예수님을 영접을 하는 기도를 했기 때문에, 가족 전체가 오래전부터 예수님을 믿어 왔기 때문에, 나는 신앙생활을 하고 있고 믿음의 삶을 살고 있다고 생각을 했다.

그렇지만, 성경말씀들을 통해서 하나님께서 말씀하시는 믿음과 하나님의 섬기는 삶에 대해서 알아보면서, 우리 기독교인들의 신앙생활을 하는 모습이 하나님께서 말씀 가운데 제시하신 모습과는 너무나도 다르다는 사실을 알게 되었다.

하나님을 두려워하는 마음이 없었고, 하나님을 자세히 알지 못하여서 우리가 원하는 모습의 하나님을 만들어서 믿고 있었으며, 하나님의 마음과 소원은 깨닫지 못하고 나의 원함과 바람을 이루기 위해서 하나님을 사용하는 모습이었다.

그런 우리의 모습을 볼 때에 하나님께서 기뻐하시는 모습을 찾을 수 없음에도 불구하고, 우리는 택하심을 받은 자들이라는 생각을 가지고, 예수님께서 다시 오실 때에 인치심을 받고 구원을 받을 자들이라는 높아진 마음을 가지고 있었다.

이제 하나님께로 완전히 돌아서서, 나는 죽고 내 안에 주님만이 사시는, 성령의 인도하심을 따르며 사는 삶을 다짐할 때에, 우리 삶 가운데에 묶여 있었던 부분이 참 많이 있었고, 또한 내 마음뿐만이 아니라, 인간 관계를 비롯한 여러가지 관계들이 하나님 중심적이지 않은 것들과 엮여 있음을 깨닫게 된다. 이 모든 연결점을 어디까지 어떻게 정리를 해 나가야 하는 것인지 모르겠다는 막막한 생각이 든다.

또한 이 순간에 타협을 하는 마음이 생긴다. 이 세상 살면서 온전하게 산다는 것이 가능하지 않을 것이라는 생각이 들고, 내 마음만 하나님께 향하고 기도하는 삶을 살면 되지, 속해 있는 단체나 연결되어 있는 관계들까지도 하나님 중심일 수는 없는 것이 아닌가 하는 생각을 하게 된다. 이제는 분별을 할 수 있게 되어서 속해 있는 단체들의 하나님 중심적이지 않은 부분들을 확실히 알기는 하겠는데, 그렇다고 그런 단체들로 연결되어 있는 나의 인간관계가 다 끊어질 필요까지 있을까 하는 생각도 든다.

이런 타협하는 생각 가운데에, 내 안에 계신 성령님의 소욕이 아닌, 나의 육신적인 소욕이 내 마음 가운데에서 둥지를 틀고 자리를 잡으려고 하는 것을 깨닫는다.

　이제는, 육체의 소욕을 십자가에 버리고, 성령의 소욕을 따르기 위해서 성경말씀 가운데에서 이러한 상황에 있는 나를 위해 하시는 하나님의 말씀을 찾아보고자 하는 소원이 생겼다.

　그런데, 믿음의 삶에 대한 말씀들을 살펴보면서 들게 된 생각이, 화합하고 사랑받는 것이 아니라, 미움받고 나누어지는 것이구나 하는 것이었다.

　예수님께서 요한복음 7장 7절에 말씀을 하신 것이, "세상이 너희를 미워하지 못하되 나를 미워하나니 이는 내가 세상의 행사를 악하다 증거함이라"라는 말씀이다. 예수님께서 악한 일을 하신 것이 하나도 없으신데, 외식하는 자들의 행사들을 악한 것이라고 선포하셨고, 그로 인해서 미움을 받아서 십자가에 죽게까지 되셨다. 그러니까 이 내용을 보면, 예수님께서 그렇게까지 미움을 받지 않을 수 있는 방법이 있었다는 것이다. 외식하는 자들이 자신들이 가리고 있는 죄를 오픈하지만 않으셨어도 그런 미움을 받으실 이유는 없었다. 속은 악하지만 겉은 선한 모양을 하고 성경을 가르치면서 악한 모습을 애써 나타내 보이지 않으려고 하고 있는데, 예수님께서 그들의 하는 행사들을 악하다고 증거를 하니까, 그들이 예수님을 죽이고자 할 정도로 미워하였고, 결국 예수님을 못 박기까지 하였다.

지금도 외식하는 자들의 무리들은 예수님 때와 같이 세상에서 높아진 모습으로 하나님을 대리한다고 하는 자리에 있다. 그런데, 교회들은 대적하지 않고 오히려 같이 선행을 한다고 하며 연합을 하니까, 이제는 미움이 없고 박해도 없다.

일을 크게 만들지 말고, 그들을 어두움이라고 인정을 하더라도 마음으로만 하고, 그들을 향해서 악하다고 하여서 괜히 미움 받고 박해를 받아야 하는 상황을 만들지 않는 것이 지혜로운 것이 아닌가 하는 생각이 든다.

그런데, 상황이 그렇게 쉽지가 않다. 어두움에 빛이 속해 있을 수가 없기 때문이다. 내가 빛에 속한 자이면, 어두움의 영향력에서 나오지 않으면 안 되는데, 그런 나누어짐 가운데에 미움을 받지 않을 수가 없는 상황이 되기 때문이다. 그러한 상황에 대해서 예수님께서 설명하셨다.

요한복음 17:14
내가 아버지의 말씀을 그들에게 주었사오매 세상이 그들을 미워

하였사오니 이는 내가 세상에 속하지 아니함 같이 그들도 세상에
속하지 아니함으로 인함이니이다

우리가 그들에게 속하지 아니함으로 인해서 그들이 우리를 미워하
는 것에 대한 말씀이다. 그리고, 사랑받지 못하고 미움을 받을 수밖에
없는 이유에 대해서도 자세히 설명을 해 주신다.

요한복음 15:18-19
세상이 너희를 미워하면 너희보다 먼저 나를 미워한 줄을 알라
너희가 세상에 속하였으면 세상이 자기의 것을 사랑할 터이나 너
희는 세상에 속한 자가 아니요 도리어 세상에서 나의 택함을 입
은 자인고로 세상이 너희를 미워하느니라

우리가 세상에 속하지 않았기 때문에 그들의 사랑을 받을 수 없고,
예수님을 미워한 자들이기 때문에 우리도 미워하게 될 수밖에 없다는
것이다.

그런데, 이 내용을 볼 때 우리가 확인을 하고 싶은 마음이 드는 것이
있다. 예수님 당시에 외식하는 자들의 무리는 예수님을 죽이려고 한
것이 맞지만, 지금 외식하는 자들의 무리는 예수님을 높이고 예수님께
찬양하면서 예수님을 중심으로 세워진 종교의 지도자들이다. 예수님

을 핍박하는 것이 아니라 찬양을 하는데, 예수님 당시의 외식하는 자들과 같은 어두움으로 볼 수 있을까?

우리가 지난 장들을 통해서 나눈 내용처럼, 예수님을 믿는 것은, 예수님을 보내신 하나님을 믿고 사랑하는 것을 포함한다는 내용들을 나눴었다. 그런데, 예수님 당시 외식하는 자들의 무리는 하나님을 사랑한다고 하고 하나님을 경외한다고 하는 자들이었는데, 예수님께서 그들을 그렇게 인정하지 않으셨다.

요한복음 15:23-24
나를 미워하는 자는 또 내 아버지를 미워하느니라 내가 아무도 못한 일을 그들 중에서 하지 아니하였더라면 그들에게 죄가 없었으려니와 지금은 그들이 나와 내 아버지를 보았고 또 미워하였도다

마태복음 15:7-8
외식하는 자들아 이사야가 너희에 관하여 잘 예언하였도다 일렀으되 이 백성이 입술로는 나를 공경하되 마음은 내게서 멀도다

예수님께서 외식하는 자들의 무리를 향해서 하셨던 말씀은 그들은 하나님을 사랑한다고 겉으로 이야기하지만 속으로는 하나님을 사랑하는 것이 아니라 미워하는 자들이라는 것이다. 지금의 외식하는 자들

의 무리도 다를 수가 없다. 속과 겉이 다른 것이 외식이기 때문에, 겉으로는 예수님을 따르는 자들이라고 하고, 예수님을 찬양하지만, 입술로는 공경하되 마음으로는 예수님을 믿고 따르는 자들이 아니라는 것이다.

빛에 거하고자 할 때에, 어두움에서 나누어질 수밖에 없고, 그렇게 될 때에 미움을 받게 될 수밖에 없는 사실을 예수님의 제자의 삶을 살려고 결단하는 사람들은 그런 결단하기에 앞서 먼저 알아야 하며 생각을 해 보아야 한다. 그래서 예수님께서는 누가복음 14장 27-28절에서, "누구든지 자기 십자가를 지고 나를 따르지 않는 자도 능히 내 제자가 되지 못하리라 너희 중의 누가 망대를 세우고자 할진대 자기의 가진 것이 준공하기까지에 족할는지 먼저 앉아 그 비용을 계산하지 아니하겠느냐"라고 말씀하셨다. 십자가를 지고 따르는 삶은 매 순간 목숨을 내어놓고 서라도 주님을 따르는 삶인데, 그러한 삶을 살기로 결정을 하기 전에 비용을 계산하고 따지듯이 계산을 해 보고 나서 결정을 하라고 하신 말씀이었다.

우리가 온전히 빛 가운데에 거하면서 어두움을 어두움이라고 선포를 하는 삶을 살 때에 박해를 받지 않을 수는 없다. 왜냐하면, 성경 가운데에 그렇게 설명을 하고 계시기 때문이다.

사도행전 14:22

제자들의 마음을 굳게 하여 이 믿음에 거하라 권하고 또 우리가
하나님 나라에 들어가려면 많은 환난을 겪어야 할 것이라 하고

빌립보서 1:29

그리스도를 위하여 너희에게 은혜를 주신 것은 다만 그를 믿을뿐
아니라 또한 그를 위하여 고난도 받게 하심이라

디모데후서 3:12

무릇 그리스도 예수 안에서 경건하게 살고자 하는 자는 핍박을
받으리라

데살로니가후서 1:5

이는 하나님의 공의로운 심판의 표요 너희로 하여금 하나님의 나
라에 합당한 자로 여김을 받게 하려 함이니 그 나라를 위하여 너
희가 또한 고난을 받느니라

고난은 피할 수 없는 것이며, 선택이 아니고 필수라는 사실을 알았
다. 그런데, 그럼에도 불구하고 우리가 기쁘게 제자의 삶, 부흥의 삶을
살기로 선택을 할 수밖에 없는 이유가 있다. 그것은, 이 세상의 고난과
는 비교할 수 없는 영원한 축복과 은혜와 사랑 때문이다. 그러한 이유

를 확증해 주시는 말씀들이 아래의 말씀들이다.

마가복음 10:29-30

예수께서 이르시되 내가 진실로 너희에게 이르노니 나와 복음을
위하여 집이나 형제나 자매나 어머니나 아버지나 자식이나 전토
를 버린 자는 현세에 있어 집과 형제와 자매와 어머니와 자식과
전토를 백 배나 받되 박해를 겸하여 받고 내세에 영생을 받지 못
할 자가 없느니라

고린도후서 1:5

그리스도의 고난이 우리에게 넘친 것 같이 우리가 받는 위로도
그리스도로 말미암아 넘치는도다

베드로전서 4:13-14

오히려 너희가 그리스도의 고난에 참여하는 것으로 즐거워하라
이는 그의 영광을 나타내실 때에 너희로 즐거워하고 기뻐하게 하
려 함이라 너희가 그리스도의 이름으로 치욕을 당하면 복 있는
자로다 영광의 영 곧 하나님의 영이 너희 위에 계심이라

로마서 8:18

생각하건대 현재의 고난은 장차 우리에게 나타날 영광과 비교할

수 없도다

이 세상에서 하나님으로 인해서 겪게 된 고난들을 얼마나 귀하게 인
정을 해 주실지.
이 세상에서 하나님을 위해 한 어떤 희생도 우리가 기대하고 바라는
것보다 얼마나 더 넘치게 좋을 것들로 채워 주실지.
이 세상에서 하나님 때문에 보게 된 손해를 얼마나 더 귀하고 축복
된 것들로 넘치도록 부어 주실지.

어떤 상황에서도 내가 바라고 기대하는 것보다 훨씬 더 넘치게 나에
게 부어 주실 은혜의 하나님을 알기 때문에, 오히려 하나님을 감동시
킬 수 있는 기회가 있는 것으로 기뻐하고 감사할 수밖에 없다.

39

무서운 죄

이번 장을 통해서는, 예수님께서 직접 우리에게 설명하신 아주 무서운 죄 두 가지에 대해서 자세하게 살펴보면서, 그러한 메시지를 통해서 우리에게 무엇을 알게 하시기 원하시며 우리는 어떠한 마음 자세로 그러한 죄들을 대하여야 하는지를 생각해 보자.

먼저 예수님께서 말씀하신 아주 무서운 두 가지 죄는, 실족하게 하는 죄와 성령을 모독하는 죄이다. 이 두 가지 죄를 무서운 죄로 생각을 하게 된 것은, 그 죄로 인한 무서운 결과에 대한 예수님의 설명 때문이다. 예수님께서 실족하게 하는 죄에 관하여서는, 마태복음 18장 6절에, "누구든지 나를 믿는 이 작은 자 중 하나를 실족하게 하면 차라리 연자 맷돌이 그 목에 달려서 깊은 바다에 빠뜨려지는 것이 나으니라" 라고 하셨다. 연자 맷돌을 목에 달고 바다에 빠지는 것보다 훨씬 더 무서운 죄의 결과를 받게 된다는 말씀이니까, 너무나도 무서운 죄가 아닐 수가 없다.

또, 성령을 모독하는 죄에 관하여서는 마태복음 12장 32절에서, "…
성령을 거역하면 이 세상과 오는 세상에서도 사하심을 얻지 못하리라"
라고 하시고, 마가복음 3장 29절에, "누구든지 성령을 모독하는 자는
영원히 사하심을 얻지 못하고 영원한 죄가 되느니라 하시니"라고 말씀
을 하셨다. 이 세상에서도, 오는 세상에서도 사함을 받지 못하는 죄이
며, 영원히 사함을 받지 못하는 죄라고 하시니까, 이 죄도 너무나도 무
서운 죄가 아닐 수 없다.

이렇게까지 벌하시는 죄는, 정말 우리가 멀리 하기를 원하시는 죄이
기에 이토록 무섭게 우리에게 주의를 주셨다는 것을 인지하고, 주님께
서 이토록 조심하기 원하시는 죄에 대해서 자세히 알아보고 그로 인한
하나님의 뜻을 살펴보는 시간을 갖기로 하였다.

먼저, 실족하게 하는 죄에 대해서 살펴보았다. 이 죄에 대해서 설명
을 하시는 내용은, 마태복음 18장, 마가복음 9장, 누가복음 17장 세 군
데에 설명이 되어 있다. 아래는 마태복음 18장의 말씀이다.

마태복음 18:6-9
누구든지 나를 믿는 이 작은 자 중 하나를 **실족하게 하면** 차라리
연자 맷돌이 그 목에 달려서 깊은 바다에 빠뜨려지는 것이 나으
니라 **실족하게 하는** 일들이 있음으로 말미암아 세상에 화가 있도

다 실족하게 하는 일이 없을 수는 없으나 **실족하게 하는** 그 사람에게는 화가 있도다 만일 네 손이나 네 발이 너를 **범죄하게 하거든** 찍어 내버리라 장애인이나 다리 저는 자로 영생에 들어가는 것이 두 손과 두 발을 가지고 영원한 불에 던져지는 것보다 나으니라 만일 네 눈이 너를 **범죄하게 하거든** 빼어 내버리라 한 눈으로 영생에 들어가는 것이 두 눈을 가지고 지옥 불에 던져지는 것보다 나으니라

위에 말씀에서 굵은 글씨로 표시된 내용은 다 같은 원어의 단어로 설명이 된 내용들이다. 그러니까, 실족하게 하는 것과 범죄하게 하는 것은 원어로 같은 단어가 사용이 되었기 때문에 같은 내용이라는 것이다.

원어로 실족하게 하는 것은, σκανδαλίζω인데, '올무에 걸려 넘어지게 하다', '죄를 짓게 하다'라는 뜻을 가지고 있다. 그러니까, 남을 죄짓게 하지 말라고 말씀을 하시는 것으로 이해가 되는데, 정확하게 어떠한 부분을 어떻게 조심을 하라고 하시는 것인지 마음으로 와닿지는 않는다.

이 단어가 사용이 된 상황을 이해하게 되었을 때, 실족하게 하는 죄가 무슨 죄인지를 너무나도 확실히 깨달을 수가 있었다. 아래의 말씀은 실족하게 하는 일에 관한 내용의 말씀이다.

마태복음 16:21-23

이 때로부터 예수 그리스도께서 자기가 예루살렘에 올라가 장로
들과 대제사장들과 서기관들에게 많은 고난을 받고 죽임을 당하
고 제삼일에 살아나야 할 것을 제자들에게 비로소 나타내시니 베
드로가 예수를 붙들고 항변하여 이르되 주여 그리 마옵소서 이
일이 결코 주께 미치지 아니하리이다 예수께서 돌이키시며 베드
로에게 이르시되 사탄아 내 뒤로 물러 가라 너는 나를 **넘어지게**
하는 자로다 네가 하나님의 일을 생각하지 아니하고 도리어 사람
의 일을 생각하는도다 하시고

이 내용은, 예수님께서 고난받으시고 죽게 되실 것을 제자들에게 설
명하실 때, 그렇게 하시지 말라고 이야기하는 베드로를 향해서 하신
말씀이다. 위의 말씀에서 베드로에게 넘어지게 하는 자라고 하셨는데,
넘어지게라는 부분에 σκανδαλίζω라는 '실족하게 한다'라는 단어가 사
용이 되었다. 그러면서, 그의 실족하게 하는 죄에 대한 설명을 해 주셨
다. "네가 하나님의 일을 생각하지 않고 도리어 사람의 일을 생각하는
도다"

이제는 실족하게 하는 죄가 무엇인지 너무나도 선명하게 이해가 된
다. 실족하게 하는 죄는, 하나님의 일을 생각하지 않고 사람의 일을 생각
을 하는 죄임으로, 곧 외식하는 죄이다! 하나님 눈을 놓치면 외식을 하

는 자가 되는데, 외식을 하는 자가 되면 실족하게 하는 죄를 짓게 된다는 것이다. 외식하는 것이 얼마나 무서운 것인지, 다시 한번 깨달았다.

이제는 성령님을 모독하는 죄에 대해서 자세히 알아보자.

이 죄는 죄를 짓고 나서 용서를 받지 못하는 죄이기 때문에, 정말 경각심을 가지고 이런 죄 가운데에 빠지지 않도록 깨어 있는 것이 아주 중요할 것이라는 생각을 했다. 성령님을 모독하는 것에 대한 말씀도, 마태복음 12장, 마가복음 3장, 누가복음 12장 세 군데에 설명이 되어 있다. 다음의 내용은, 마태복음 12장의 말씀이다.

마태복음 12:24-35

바리새인들은 듣고 이르되 이가 귀신의 왕 바알세불을 힘입지 않고는 귀신을 쫓아내지 못하느니라 하거늘 예수께서 그들의 생각을 아시고 이르시되 스스로 분쟁하는 나라마다 황폐하여질 것이요 스스로 분쟁하는 동네나 집마다 서지 못하리라 만일 사탄이 사탄을 쫓아내면 스스로 분쟁하는 것이니 그리하고야 어떻게 그의 나라가 서겠느냐 또 내가 바알세불을 힘입어 귀신을 쫓아내면 너희의 아들들은 누구를 힘입어 쫓아내느냐 그러므로 그들이 너희의 재판관이 되리라 그러나 내가 하나님의 성령을 힘입어 귀신을 쫓아내는 것이면 하나님의 나라가 이미 너희에게 임하였느니

라 사람이 먼저 강한 자를 결박하지 않고서야 어떻게 그 강한 자
의 집에 들어가 그 세간을 강탈하겠느냐 결박한 후에야 그 집을
강탈하리라 나와 함께 아니하는 자는 나를 반대하는 자요 나와
함께 모으지 아니하는 자는 헤치는 자니라 그러므로 내가 너희에
게 이르노니 **사람에 대한 모든 죄와 모독은 사하심을 얻되 성령
을 모독하는 것은 사하심을 얻지 못하겠고 또 누구든지 말로 인
자를 거역하면 사하심을 얻되 누구든지 말로 성령을 거역하면 이
세상과 오는 세상에서도 사하심을 얻지 못하리라** 나무도 좋고 열
매도 좋다 하든지 나무도 좋지 않고 열매도 좋지 않다 하든지 하
라 그 열매로 나무를 아느니라 **독사의 자식들아 너희는 악하니
어떻게 선한 말을 할 수 있느냐 이는 마음에 가득한 것을 입으로
말함이라 선한 사람은 그 쌓은 선에서 선한 것을 내고 악한 사람
은 그 쌓은 악에서 악한 것을 내느니라**

이 내용은, 바리새인들과 예수님과의 분쟁의 내용이다. 이번에도 예
수님께서는 그들을 독사의 자식들이라고 하셨고, 그들은 악하기 때문
에 그들이 하는 말도 악할 수밖에 없다는 것을 말씀하신다. 바리새인
들은 예수님을 하나님의 아들로 인정을 하고 싶지 않았고, 그것은 지
난 장에서 이야기한 것처럼 예수님께서 그들의 행사를 악하다고 증거
하셨기 때문이다. 예수님을 하나님의 아들로 인정을 안 하고자 하는
데, 예수님께서 귀신을 쫓아내시니까, 바리새인들은 예수님께서 하나

님의 아들이므로 하나님의 영으로 귀신을 쫓아낸다는 것을 인정하지 않기 위해서, 하나님의 영이 아닌, 블레셋 땅의 신의 도움으로 귀신을 쫓아낸 것으로 이야기를 한 것이다.

그런데, 위의 성경 내용을 볼 때, "독사의 자식들아, 너희는 악하니 어떻게 선한 말을 할 수 있느냐"라고 말씀하시는 내용으로, 이 말을 안 했다고 해서 이들이 죄가 없고, 이 말을 했다고 해서 죄가 생긴 그런 상황이 아닌 것을 볼 수 있다.

바리새인들은 외식하는 자들인데, 외식으로 인해서 맹인이 된 자들이라고 예수님께서 말씀하셨다. 예수님께서는 바리새인들을 향해서, "맹인이 되어 맹인을 인도하는 자", "어리석은 맹인들", "맹인된 인도자", "눈 먼 바리새인"으로 표현을 하셨다. 그러면서, 마태복음 23장 37절에서 설명을 하시기를, "예루살렘아 예루살렘아 선지자들을 죽이고 네게 파송된 자들을 돌로 치는 자여 암탉이 그 새끼를 날개 아래에 모음 같이 내가 네 자녀를 모으려 한 일이 몇 번이더냐 그러나 너희가 원하지 아니하였도다"라는 말씀을 하시면서, 맹인이 되어서 눈이 어두워져서 보이지 않아 오히려 은혜를 거부하고, 아무리 죄를 용서해 주시려고 해도 원하지 않는다고 할 정도로 눈이 가리워져서 결국은 용서받지 못하게 되는 그들의 죄에 대해서 설명을 했었다.

이제는 조금 더 이해가 간다.

바리새인의 죄는 "외식하는 죄"라고 하면서, 외식이 그들의 죄임을 계속해서 이야기하셨다. 그리고, 이 분쟁을 하는 상황 가운데에서도, 바리새인의 마음에 가득히 쌓아 놓은 어두움에 대해서 이야기하시고 있기 때문에, 그들의 외식의 죄를 두고 말씀을 하시는 것이다.

그런데, 위에 바리새인들과의 분쟁의 내용을 보고 우리가 깨달을 수 있는 것은, 외식하는 죄와 용서받지 못하게 되는 상황과의 연결점이다.

외식하는 죄는 누구도 자유로울 수 없는, 하나님의 눈을 놓치면 넘어질 수밖에 없는 죄인데, 자신이 원치 않아서 용서해 주시고자 해도 결국 용서를 받지 못하게 되는, 영원히 용서받지 못하는 상황이 되는 기준이 어디인지를 알지 못했다. 그런데, 이 말씀을 통해서 용서받지 못하는 죄에 대한 확실한 이해가 생겼다.

외식을 하게 되면 예수님께서 경고하신 대로 바르게 보지를 못하게 되는데, 그 시력이 회개하지 못할 정도로 어두워진 상태가 되면, 결국 영원히 도저히 용서받을 수 있는 기회가 없는 것이고, 그런 시력일 때에는 하나님께서 하신 일을 다른 신이 했다고 할 정도로 성령님께 모욕이 되는 소리를 하게 된다는 것이다.

이런 일들이 우리 주위에 얼마나 많이 있는가 하는 상황들을 생각할 때 정말 두렵고 떨리는 마음을 금할 수가 없다.

자신이 이끄는 단체, 자신이 속해 있는 기관, 자신이 연결된 교회에 대해서 손해가 되거나 조금이라도 피해가 되는 이야기를 들을 때, 그런 이야기가 성경말씀에 근거한 것이라고 할지라도, 대적하고 부정적으로 이야기하고 공격하는 일들이 너무나도 많다. 그리고, 자신의 단체, 자신의 교회를 세우기 위해서 하는 것을, 하나님을 위해서 한다고 목소리를 높이면서, 하나님 중심적인 말들에 대해서도 대적을 한다.

지금 우리가 나와야 하는 대상이 바로 이런 눈먼 자들에게서 이다. 로마 교회를 향해서, 마틴 루터가 믿음으로 돌아가자고 외쳤을 때에, 그를 이단이라고 하며, 수천만 명의 믿는 사람들을 처형했다. 성령님이 하시는 일을 악한 세력이 하는 일로 정의를 한 것이었다. 바리새인들이 예수님께 한 이야기와 너무나도 흡사하다. 그런데, 이제는, 종교개혁의 역사가, 하나되는 일이 아니고 나누어지는 일이었기 때문에 회개를 하여야 하는 일이라고 한다. 성령님의 역사를 회개를 하여야 한다고 하는 것이다. 그런데, 기독교는 그런 제의에 화답을 하며 그들과 하나가 되는 길을 선택을 한다. 지금 성령님이 하시는 일을 모독하는 일들이 얼마나 많이 이루어지고 있는지, 정말 두렵고 떨리는 일이 아닐 수가 없다.

우리는, 아직 조금이라도 회개할 수 있는 시력이 남아 있을 때에, 그 무서운 죄 가운데에서 벗어나야 할 것이며, 그것이 "내 백성아 거기서 나와라"라고 하시는 말씀에 순종을 하는 것이다.

40

탄식하며 우는 자의 이마에 표하라

전편에서도, 또 앞 장들을 통해서도, 지금은 하나님을 대적하는 세력에서는 모든 사람들을 자신의 세력 안으로 하나 되게 하는 때인데, 하나님의 인치심을 받은 자들 외에는 모든 사람들이 하나님을 대적하는 세력에 속하게 되고, 그 세력과 함께 멸망을 받게 될 것에 대한 이야기를 여러 번 하였다.

이것은, 요한계시록에 말씀에 근거한 것인데, 요한계시록 13장 16, 17절에서는, "그가 모든 자 곧 작은 자나 큰 자나 부자나 가난한 자나 자유인이나 종들에게 그 오른손에나 이마에 표를 받게 하고 누구든지 이 표를 가진 자 외에는 매매를 못하게 하니 이 표는 곧 짐승의 이름이나 그 이름의 수라"라고 하신다. 이 말씀은 하나님께서 결국 멸하실 자 "짐승"이 "모든 자"들에게 짐승의 표를 받게 한다는 내용의 말씀이다.

또한, 요한계시록 9장 4절에는, "오직 이마에 하나님의 인침을 받지 아니한 사람들만 해하라"라는 말씀이 나온다. 이 내용은, 이마에 하나님의 인침을 받지 않은 모든 자들이 결국 해함을 당하게 된다는 내용이다.

결국, 하나님께 인치심을 받거나, 짐승에게 표를 받거나 둘 중에 하나를 받게 되는데, 짐승의 표를 받는 자들은 매매를 쉽게 할 수 있는 상황적 정황을 봐서, 이 세상에서 사는 데에 이득을 훨씬 더 많이 누릴 수 있는 특권을 누리게 되는 것이고, 하나님께 표를 받는 자들은 하나님의 형벌을 받지 않는 특권을 누리게 되는 것이다. 이 세상 모든 사람들이 이 두 가지의 표 중에 하나를 받게 되는 것에 대한 설명이 요한계시록의 설명이다.

그래서, 이 정황에 대한 외형적인 많은 추측들이 있다. 앞에서 우리 인간들은 모든 상황을 외형적인 것, 육신적인 것으로만 이해하려고 하면서, 하나님께서 전달하시고자 하는 진정한 영적인 것, 마음 중심적인 것을 놓친다는 이야기를 하였다. 마지막 때에 우리에게 준비하게 하기 위해서 주신 요한계시록의 말씀도, 우리는 외형적인 것으로만 이해를 해서, 하나님께서 진정으로 우리에게 알려 주시고자 하시는 뜻을 놓치고 있다.

그럼 누가 이마에 하나님의 인치심을 받게 되는 자들이 될 것인가?

기독교인들은 우리가 당연히 다 하나님의 인치심을 받을 것이라는 생각에, 요한계시록의 말씀이 경각심을 불러일으키지 않는다.

그런데, 구약성경에서, 하나님께서 심판하실 때에, 정확하게 누가 하나님의 표를 받게 될 것인지에 설명을 해 주신 내용이 있다. 성경 전체를 통해서, 이마에 하나님의 표를 받는 것에 대해서 설명을 해 주신 내용은 요한계시록을 제외하고는 이곳 한곳에서만 하나님의 표를 받는 것에 대한 설명이 있다.

에스겔 9:1-6

그가 또 큰 소리로 내 귀에 외쳐 가라사대 이 성읍을 관할하는 자들로 각기 살륙하는 기계를 손에 들고 나아오게 하라 하시더라 내가 본즉 여섯 사람이 북향한 윗문 길로 좇아 오는데 각 사람의 손에 살륙하는 기계를 잡았고 그 중에 한 사람은 가는 베옷을 입고 허리에 서기관의 먹 그릇을 찼더라 그들이 들어 와서 놋 제단 곁에 서더라 그룹에 머물러 있던 이스라엘 하나님의 영광이 올라 성전 문지방에 이르더니 여호와께서 그 가는 베옷을 입고 서기관의 먹 그릇을 찬 사람을 불러 이르시되 너는 예루살렘 성읍 중에 순행하여 **그 가운데서 행하는 모든 가증한 일로 인하여 탄식하며**

우는 자의 이마에 표하라 하시고 나의 듣는데 또 그 남은 자에게 이르시되 너희는 그 뒤를 좇아 성읍 중에 순행하며 **아껴 보지도 말며 긍휼을 베풀지도 말고 쳐서 늙은 자와 젊은 자와 처녀와 어린 아이와 부녀를 다 죽이되 이마에 표 있는 자에게는 가까이 말라** 내 성소에서 시작할찌니라 하시매 그들이 성전 앞에 있는 늙은 자들로부터 시작하더라

위에 말씀은 에스겔 선지자에게 한 예언의 말씀이다. 그리고, 심판할 때에 모습을 자세히 설명을 하신 말씀이다. 위에 내용 가운데에, 이마에 표 있는 자들은 심판하실 때에 형벌을 받지 않도록 확실히 구분을 하신 것을 볼 수 있다. 요한계시록의 내용과 정확하게 같은 모습이다. 그런데, 위에 내용에는 정확하게 누가 이마에 표를 받게 되는지가 설명이 되어 있다. "예루살렘 성읍 중에 순행하여 그 가운데서 행하는 모든 가증한 일로 인하여 탄식하며 우는 자의 이마에 표하라"라고 말씀을 하셨다. 이마에 하나님의 표를 받는 자는, 하나님의 일로 인하여서 탄식하며 우는 자들이었다.

이 말씀을 읽으면서, 하나님은 진정 공의로우신 분이심을 인정하지 않을 수가 없었다. 진정으로 차별이 없으시고 온전히 정의로우시며 진정 우리의 마음을 살피시는 분이심을 그분의 심판의 기준을 보고 확신을 할 수 있었다. 왜냐하면, 하나님의 일로 탄식하며 우는 자는, 진정

자기 중심적인 자가 아닌 하나님 중심적인 자일 수밖에는 없기 때문이다.

우리 인간은, 나와 관련이 되고, 나에게 이익관계가 연결이 되는 상황이 아닐 때에, 그 일이 나의 마음에 영향을 끼치지를 않는다. 정말 탄식을 하고 우는 것은, 나의 일이거나 아니면 내가 사랑하는 사람의 일일 때만 그렇게 할 수 있는 것이 인간이다. 인간은 자기 중심적이기 때문에, 나와 상관이 된 일이 아닐 때에, 그 일로 인해서 탄식을 하며 애통하는 마음을 갖지 않는다.

그런데, 하나님 앞에 가증한 일들이 행하여지는 것으로 인해서 나의 마음에서 탄식의 울음이 나오는 것은, 하나님을 사랑할 때, 성령님의 마음일 때, 예수님께서 내 안에 사실 때만 가능한 마음이다.

하나님의 일로 탄식하고 우는 자는,
육신적인 마음이 죽고, 성령의 소욕이 마음을 지배하는 사람이고,
나는 십자가에 못 박히고, 내 마음에 예수님의 마음이 있는 사람이며,
하나님을 온 몸과 마음과 뜻을 다해서 사랑하는 자이다.

이제는 우리가 성경말씀에 근거하여서, 어떤 마음을 갖는 것이, "내 백성아 거기서 나와라" 하는 명령에 순종을 것인지 확실히 알게 되었

다. 어느 누구도 평계할 수 없는 확실한 기준을 하나님께서 성경 전체를 통해서 계속 알려 주고 계셨다는 사실을 확인할 수 있었다.

이 책 전체를 통해서 내 백성아 거기서 나와라고 하신 말씀에 순종을 하는 삶을 살기 위한 것이 어떤 삶인지에 대해서 생각을 해 보았다. 전편에서는, 그 질문에 대한 해답을 수백 년간의 믿음의 조상들이 남긴 숨겨져 있었고 감춰져 있었던 고전 책들을 통해서 알아보았고, 이 책에서는, 성경말씀 가운데에서 그 해답을 찾아보았다.

지금 낼 수 있는 결론은, 전편에서 내린 결론과 같은 것이다. 이 마지막 때에 어두운 세력에 속하지 않고 주님을 맞을 준비를 하는 삶을 살 수 있는 방법은 부흥밖에는 없다.

나는 그리스도와 함께 십자가에 죽고 내 안에 그리스도가 사시는 삶.

하나님을 온 몸과 마음을 다해서 사랑하는 삶.

이웃을 내 몸과 같이 사랑하여서, 참소자가 되지 않고 중보자가 되는 삶.

전편에서 나누었던 부흥의 삶의 내용이 곧 성경 전체를 통해서 하나님의 뜻을 찾아본 이 책의 내용과 같은 것을 인정하지 않을 수가 없다.

마지막으로 전편에서 마지막 장에서 나누었던 성경말씀을 다시 같이 나누기를 원한다.

다니엘서 12장 1-3절

그 때에 네 민족을 호위하는 대군 미가엘이 일어날 것이요 또 환난이 있으리니 이는 개국 이래로 그 때까지 없던 환난일 것이며 그 때에 네 백성 중 무릇 책에 기록된 모든 자가 구원을 얻을 것이라 땅의 티끌 가운데서 자는 자 중에 많이 깨어 영생을 얻는 자도 있겠고 수욕을 받아서 무궁히 부끄러움을 입을 자도 있을 것이며, **지혜 있는 자는 궁창의 빛과 같이 빛날 것이요 많은 사람을 옳은데로 돌아오게 한 자는 별과 같이 영원토록 비취리라**

위에 말씀대로, 우리 모두가, 지혜 있는 자들이 되어서 궁창의 빛과 같이 빛나게 되고, 또한, 모두, 많은 사람을 옳은 데로 돌아오게 하여서 별과 같이 영원토록 비춰게 되기를 너무나도 바라고 소망하고 기도한다.

그리고, 다시 기도한다.

모두, 하나님을 온 마음과 온 뜻과 온 마음을 다해서 사랑하게 되기를.
모두, 십자가의 능력 안에서 주님이 사시는 삶을 살게 되기를.
모두, 사단의 편에 서지 않고 하나님의 편에 서게 되기를.

모두, 하나님의 왕국에서 영원한 삶을 누리게 되기를.

모두, 참소자의 자리에 서지 않고 중보자의 자리에 서기를.

모두, 마음의 부흥을 이루고 부흥의 횃불을 들게 되기를.

모두, 궁창의 빛과 같이 빛나게 되고, 별과 같이 영원히 비치게 되기를.

▌REFERENCES

Boston Theological Consortium, Boston Theological Interreligious Consortium. (2021) ⟨https://bostontheological.org/about⟩ [Accessed 14 Oct 2021].

George Park Fisher, *History of the Christian Church* (New York: Charles Ccribner's Sons, 1987)

Herbert Vorgrimler, *Commentary on the Documents of Vatican II.* (Herder and Herder, 1967)

Hyun Eun Lee, *Come out of her my people* (Seoul Korea: G-World, 2021)

Ian Paisley, *Billy Graham and the Church of Rome* (Northern Island: Martyrs Memorial Publication, 1970)

Terence L. Nichols, *That All May be One* (Liturgical Press, 1997)

Vatican, *Decree on Ecumenism.* (1964) ⟨https://www.vatican.va/archive/hist_councils/ii_vatican_council/documents/vat-ii_decree_19641121_unitatis-redintegratio_en.html⟩ [Accessed 14 Oct 2021].

Vatican, *Dogmatic Constitution on Divine Revelation.* (1965) ⟨https://www.vatican.va/archive/hist_councils/ii_vatican_council/documents/vat-ii_const_19651118_dei-verbum_en.html⟩ [Accessed 14 Oct 2021].

Vatican, *Dogmatic Constitution on the Church.* (1964) ⟨https://www.vatican.va/archive/hist_councils/ii_vatican_council/documents/vat-ii_const_19641121_lumen-gentium_en.html⟩ [Accessed 14 oct 2021].

Vatican, *Declaration on The Relation of the Church to Non-Christian Religions.* (1965) ⟨https://www.vatican.va/archive/hist_councils/ii_vatican_

council/documents/vat-ii_decl_19651028_nostra-aetate_en.html〉 [Accessed 14 Oct 2021].

Vatican, *First Vatican Council.* (1870) 〈http://catholicplanet.org/councils/20-Pastor-Aeternus.htm〉 [Accessed 14 Oct 2021].

William M. Shea, *The Lion and the Lamb* (New York: Oxford University Press on Demand, 2004)

Notes

1   Lee, *Come out of her, my people*, Chapter 38

2   Lee, *Come out of her, my people*, Chapter 37

3   Lee, *Come out of her, my people*, Chapter 24

4   Lee, *Come out of her, my people*, Chapter 38

5   Lee, *Come out of her, my people*, Chapter 38

6   Fisher, *History of the Christian Church*, Chapter 1

7   Fisher, *History of the Christian Church*, p. 14-17

8   Nichols, *That All May be One*

9   Vorgrimler, *Commentary on the Documents of Vatican II*

10 Vatican, *First Vatican Council*

11 Vatican, *Dogmatic Constitution on Divine Revelation*

12 Vatican, *Dogmatic Constitution on the Church*

13 Vatican, *Decree on Ecumenism*

14 Vatican, *The relation of the Church to Non-Christian Religions*

15 Shea, *The Lion and the Lamb*, p. 3-4

16 Paisley, *Billy Graham and the Church of Rome*

17 Boston Theological Institute, *Our Current Member Schools*

18 Lee, *Come out of her, my people*, Chapter 8

19 Lee, *Come out of her, my people*, Chapter 12

탄식하며 우는 자의
이마에 표하라

ⓒ 이현은, 2021

초판 1쇄 발행 2021년 12월 3일

지은이   이현은
펴낸이   이기봉
편집   좋은땅 편집팀
펴낸곳   도서출판 좋은땅
주소   서울특별시 마포구 양화로12길 26 지월드빌딩 (서교동 395-7)
전화   02)374-8616~7
팩스   02)374-8614
이메일   gworldbook@naver.com
홈페이지   www.g-world.co.kr

ISBN   979-11-388-0464-6 (03230)